Ihr Hobby

Westafrikanische Zwergcichliden

Dr. Anton Lamboj

INHALTSVERZEICHNIS

© 1999 by bede-Verlag, Bühlfelderweg 12, D-94239 Ruhmannsfelden
E-mail: bede-Verlag@t-online.de; Internet: http://www.bede-verlag.de
Konzept der Reihe „Ihr Hobby…", Herstellung und Gestaltung: bede-Verlag
Fachliche Durchsicht: Dr. Jürgen Schmidt, Ruhmannsfelden

Bildnachweis: Alle Fotos Dr. Anton Lamboj, sofern nicht anders vermerkt;
wir danken zudem: M.-P. & C. Piednoir/Aqua Press, Aqualife Taiwan, Stefan
Inselmann, Manfred Quambusch, Dr. Jürgen Schmidt und Yvette Tavernier.

ISBN: 3-931 792-06-4
bede-Bestellnummer: HO 377

Hemichromis guttatus-*Männchen. Die prächtigen roten Cichliden benötigen für ihre Revieransprüche relativ große Aquarien, die nicht unter 100 l enthalten dürfen.*

Cichliden oder Buntbarsche sind schon seit Jahrzehnten aus dem Bestand der Aquaristik nicht mehr wegzudenken – vor allem die unzähligen Arten aus den großen Seen Ostafrikas machen noch immer Furore, laufend kommen neue Arten oder neue Formen bekannter Arten in den Handel.

Auch aus Südamerika kann man ständig Angebote im Zoofachhandel finden, sowohl größere Arten, wie zum Beispiel aus den Sammelgattungen *Cichlasoma* oder *Geophagus*, aber auch immer wieder Zwergcichliden, vor allem aus der Gattung *Apistogramma*.

Weitaus weniger bekannt ist hingegen, daß auch in den Flüssen West- und Zentralafrikas eine Anzahl kleinbleibender Buntbarsche vorkommen, die neben ihrer geringen Größe zumeist wunderhübsche Färbungen zeigen und auch in

Bezug auf Verhaltensweisen – vor allem in der Fortpflanzung – eine Bandbreite aufweisen, wie sie bei anderen Buntbarschen kaum zu finden ist.

Es ist eigentlich verwunderlich, daß sich diese Arten – sieht man von ganz wenigen Ausnahmen ab – nicht schon weit in der Aquaristik verbreitet haben. Sie gelten noch immer als Geheimtip, als Besonder- und Seltenheit, obwohl ihre Haltung und Zucht nicht schwieriger, meist sogar einfacher als die von südamerikanischen Zwergcichliden ist.

Sicherlich ist die etwas problematische Exportsituation in den Herkunftsländern teilweise ein einschränkender Faktor, trotzdem gelangen aber immer wieder Neuimporte bisher unbekannter Arten oder Farbformen regelmäßig nach Europa und einige wenige Fans tun ihr bestes, um möglichst viele die-

Einleitung

Ein balzendes Pelvicachromis spec. von „Bandi II" Männchen. Foto: Stefan Inselmann

ser wunderschönen Fische auch in den Aquarien zu erhalten.

Aquarientauglich sind West- und Zentralafrikanische (kleine) Buntbarsche allemal. Meist friedlich gegenüber anderen Mitbewohnern im Aquarium, zeigen sie im Regelfall entweder eine sehr schöne Färbung (womit sie dem Namen Buntbarsche gerecht werden), wie die Arten aus den Gattungen *Pelvicachromis* oder *Nanochromis*. Oder sie besitzen eine auffällige, manchmal sogar skurile Erscheinung, wie zum Beispiel die strömungsliebenden Arten der Gattung *Steatocranus*.

Für den wissenschaftlich interessierten Aquarianer sei noch angemerkt, daß die verwandtschaftliche Stellung der meisten Cichlidenarten aus dieser Region zu anderen afrikanischen Buntbarschen noch nicht endgültig und zufriedenstellend geklärt ist. Fest steht, daß die meisten Gattungen untereinander eine eher geschlossene, von Ostafrikanischen Buntbarschen deutlich abgegrenzte Einheit darstellen. Dies gilt für die Gattungen *Hemichromis*, *Anomalochromis*, *Steatocranus*, *Teleogramma*, *Gobiocichla* sowie für die Gruppe der chromidotilapiinen Cichliden, zu der die Gattungen *Thysochromis*, *Chromidotilapia*, *Limbochromis*, *Parananochromis*, *Nanochromis* und *Pelvicachromis* gezählt werden.

Eine eindeutige Verwandtschaft zu Ostafrikanischen Arten zeigen hingegen die Gattungen *Lamprologus*, *Pseudocrenilabrus*, *Ctenochromis* und *Schwetzochromis*.

Nicht alle Arten dieser Gattungen können als kleine Buntbarsche bezeichnet werden; rechnet man beschriebene und unbeschriebene (jedoch bereits bekannte) Arten zusammen, stehen dem Liebhaber allerdings gut mindestens 75 Arten zur Pflege im Aquarium zur Verfügung, also eine durchaus beachtliche Anzahl.

Um diese Fische einem größeren Interessentenkreis vorzustellen und bekannt zu machen und um ihnen hoffentlich die Anerkennung zu verschaffen, die sie in der heutigen Aquaristik verdienen würden, wurde dieses Buch über eine kleine, aber hoffentlich repräsentative Auswahl dieser Arten geschrieben.

Bekannt wurden einzelne Arten westafrikanischer Zwergcichliden zum Teil
bereits sehr früh; als erste dieser Arten
wurde *Pelvicachromis subocellatus* –
damals aber noch in die Gattung *Hemichromis* gestellt – 1871 durch den Ich-
thyologen GÜNTHER erstbeschrieben.
Wann die ersten westafrikanischen
Buntbarsche in den Aquarien aufge-
taucht sind, ist unklar, allerdings kann
man in den zwanziger und dreißiger
Jahren dieses Jahrhunderts bereits die
ersten Meldungen über Vertreter der
höhlenbrütenden Gattungen *Nanochromis* und *Pelvicachromis* – letztere damals noch als *Pelmatochromis* geführt – in der Aquarienliteratur finden.
Im Regelfall war es immer eine Fischart,
die dominant angeboten wurde und

wird – *Pelvicachromis pulcher*, früher
als *Pelmatochromis pulcher* bekannt,
im deutschprachigen Bereich oft als
Purpurprachtbarsch, manchmal auch
fälschlicherweise als „der Kribensis"
bezeichnet. Die Artbezeichnung *Pelmatochromis kribensis* war allerdings
für eine andere Art bereits festgelegt,
nämlich für in Kamerun vorkommen-
de Fische der Art, die heute richtig als
Pelvicachromis taeniatus zu bezeich-
nen ist.
Eine etwas größere Artenfülle kam aber
erst so ab Mitte der 70er in die Aquaristik (sieht man von ganz wenigen Zufalls-
importen ab). „Schuld" daran waren die
ersten fernreisenden Aquarianer, die in
die Herkunftsgebiete dieser Arten fuh-
ren, um die Fische zu sammeln und

Pelvicachromis
taeniatus-
Männchen.
Foto: Piednoir

Hemichromis guttatus-*Weibchen mit gerade freischwimmenden Jungfischen. Foto: Dr. A. Lamboj*

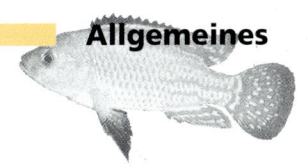

dem Hobby zugänglich zu machen. Namen wie Otto GARTNER aus Österreich und Horst LINKE aus Deutschland sind hier zu nennen. Damit war erstmalig ein konkreter Überblick über die Bedingungen für diese Arten im Freiland verbunden.

> **Hinweis:** **Erst durch Freilanduntersuchungen wurde bekannt, wie variabel viele der westafrikanischen Cichlidenarten in der Natur sein können.**

Aber auch Neuentdeckungen wurden gemacht. Noch immer bringt fast jede Reise eines Liebhabers – auch viele Importsendungen – Neues aus dieser Fischgruppe in die Aquarien; Grenzen, was eine neue Art wäre oder „nur" eine Farbform einer bisher bekannten Art, sind oft schwer zu ziehen. Sicher ist auch manchmal „der Wunsch der Vater des Gedankens", so daß manche Fundortvarianten mit lediglich etwas veränderten Herkunftsangaben durchaus ebenfalls zu finden sind. Neue Namen sind im Regelfalle leicht mit neuen, zumeist überhöhten Preisen für die Fische zu verbinden – Absichten, die meiner Meinung nach nicht unbedingt als integer bezeichnet werden können. Erschwerend kommt sicher noch hinzu, daß es in Afrika oft schwierig ist, genaue Namen für Orte, Flüsse oder Bäche festzulegen, was ebenfalls leicht zur allgemeinen Verwirrungen beitragen kann. Importe durch den Handel kommen nicht sehr regelmäßig zu uns. Zum Einen gibt es in West- und Zentralafri-

ka kaum organisierte, einheimische Sammler oder Exporteure, wie sie beispielsweise aus Südamerika bekannt sind. Zum Anderen ist auch die politische Situation in diesen Ländern nicht sehr stabil, so daß aufgrund der ständigen Unruhen, Unsicherheiten und so weiter auch europäische Importeure kaum den Versuch wagen, selbst Stationen in diesen Ländern aufzubauen. Zusätzlich ist auch die verkehrsmäßige Erschließung vieler Gebiete sehr schlecht, daher auch die Transportmöglichkeiten für gesammelte Fische unzureichend und durch zu lange Zeitdauer eigentlich nahezu unmöglich.

> **In Form und Farbe wird Reichhaltiges geboten:** **Die kleinen Buntbarsche dieses Gebiets können sehr vielgestaltig sein.**

Ein Pelvicachromis humilis-*Männchen aus* Sierra Leone. *Foto: Piednoir*

Es finden sich zum Teil Arten, die einen einfachen Grundtypus eines Buntbarschs verkörpern: Eine eher eiförmige Gestalt mit manchmal wenigen Geschlechtsunterschieden ist zum Beispiel bei den Gattungen *Hemichromis, Anomalochromis, Pseudocrenilabrus* und *Chromidotilapia* vorzufinden. Schlankere Arten mit deutlichen Geschlechtsunterschieden in Form, Größe der Beflossung und Färbung finden sich bei den Gattungen *Pelvicachromis, Parananochromis, Nanochromis* und *Limbochromis*. Extrem langgestreckte Formen mit weniger Farb- und Formunterschieden zwischen den Geschlechtern kommen wiederum bei den strömungsliebenden Arten vor, also zum Beispiel bei *Steatocranus* oder *Teleogramma*.

Auch in Bezug auf Verhaltensweisen bieten diese Fische eine breite Palette. Neben den grundsätzlich bei Cichliden bekannten Verhaltensmustern, wie vielfältiges Territorialverhalten, sind alle Formen der Fortpflanzung vertreten, die bei Cichliden bekannt sind. Egal ob Offenbrüter, Höhlenbrüter oder Maulbrüter, egal ob paarbildend, polygam oder agam – alles ist hier sichtbar.

> **Tip:** Was immer jeder Aquarianer in den Vordergrund stellen möchte, ihm steht hier eine Palette zum Großteil leicht zu pflegender, immer aber hübscher und interessanter Fische gegenüber.

Die Buckelkopfbuntbarsche, Steatocranus casuarius, *leben in strömenden Gewässern.* Foto: Piednoir

Ein Bach in Südkamerun, der Fundort von Pelvicachromis taeniatus *und* Chromidotilapia batesii.

In der Aquaristik wird die Herkunftsregion der hier zu besprechenden Arten meist lapidar als Westafrika angegeben – richtig wäre es eigentlich, West- und Zentralafrika zu sagen. Erstere Region erstreckt sich etwa von Senegal im Norden bis Nigeria in Süden und nur die geringere Anzahl der gepflegten Arten kommt aus diesem Gebiet. Der Großteil der Arten stammt aus dem Bereich von Nigeria bis zur Republik Kongo (ehem. Zaire) und somit aus der geographischen Region von Zentralafrika.

Nur wenige kleine Cichlidenarten sind bisher aus den inneren Bereichen des Kontinents bekannt geworden.
Alle diese Zwergbuntbarsche sind Bewohner von Süßgewässern, und alle diese Gewässer können als Weichwasser bezeichnet werden. Elektrische Leitfähigkeiten über 200 μS/cm und 7 bis 8 °dGH sind nie typisch für dieses Fische; ich fand solche weder in der Literatur dokumentiert, noch konnte ich selber während meiner Reisen Gewässer vorfinden, in denen das der Fall gewesen wäre.

Hinweis: Die meisten Arten kommen aus den küstennahen Bereichen der Flußsysteme, bis maximal etwa 400 km ins Landesinnere hinein vor.

Achtung: Elektrische Leitfähigkeiten über 200 μS/cm und 7 bis 8 °dGH sind für Westafrikanische Zwergcichliden untypisch .

9

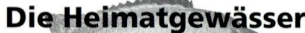

Der Kongo-Fluß (kleines Bild) und die Urwaldflüsse Kameruns (großes Bild) sind die Heimat vieler beliebter Buntbarsche.

Eine der ganz wenigen Ausnahmen ist zum Beispiel der von der Umgebung ziemlich abgeschlossene kleine Lake Bosumtwe in Ghana, in dessen Wasser mit über 1000 μS/cm elektrische Leitfähigkeit und gut 30 °dGH sich manchmal Arten der umgebenden Bäche verirren (bei kleinen Cichliden ist das *Chromidotilapia guentheri guentheri*). Ich möchte aber nochmals betonen, daß ein solch salzreiches Gewässer als eine echte Ausnahme anzusehen ist.

Größere stillstehende Gewässer, also Seen oder Teiche – zumindest natürlich entstandene – sind in diesem Gebiet selten.

Hinweis: Alle hier zu besprechenden Arten sind somit vorwiegend in Fließgewässern – hier wieder meistens in kleineren bis mittelgroßen Bächen oder Flüssen in den Waldgebieten – vorzufinden.

Die großen Flüsse, wie zum Beispiel der Volta oder der Kongo, sind nicht so sehr die bevorzugten Biotope der kleinen Cichlidenarten, obwohl einige Arten doch auch in diesen Flüssen gefunden werden können.

Tip: Der Lichteinfall in den Waldbächen ist normalerweise nicht sehr stark, ein Umstand, der bei der Aquarienhaltung berücksichtigt werden muß.

Zumeist ist die Sonne durch das dichte Laub der Bäume und Sträucher stark gefiltert und gedämpft. Dieser Umstand ist aber für die Pflege der Arten in Aquarien eher als Vorteil anzusehen; erlaubt er doch eine einfache Beleuchtung, die mit handelsüblichen Leuchtstoffröhren sehr leicht erzielt werden kann.

Die pH-Werte in diesen Bächen sind meist rund um den Neutralpunkt, also

um 7,0 bis ganz leicht alkalisch, etwa bis 8 verteilt. Die oftmals zitierten sauren Bäche mit pH-Werten deutlich unter 7 waren zwar bei meinen Reisen immer wieder, aber eher in der Minderzahl (z. B. in Südkamerun oder Zentralkongo) vorzufinden. Keinesfalls können tiefe pH-Werte in der Natur West- und Zentralafrikas als typisch angesehen werden.

> **Achtung:** **Die niedrige elektrische Leitfähigkeit und die niedrige Härte der afrikanischen Gewässer sind nicht zwingend mit einem deutlich sauren pH-Wert in Verbindung zu bringen.**

Im Temperaturverlauf sind – abhängig von der Herkunft – große Unterschiede festzustellen. Die westafrikanischen Länder – also die Staaten von Senegal bis Nigeria – besitzen im Regelfall wärmere Gewässer; Temperaturen von 25° bis 27 °C sind der Durchschnitt. Tiefere Temperaturen konnte ich dort nie feststellen, in stark besonnten Gewässern allerdings auch noch deutlich höhere Werte, teilweise sogar bis 34 °C! Dieser Wert darf aber nicht als typisch, sondern wirklich als extremste Temperatur – bei der hier wenige der in diesem Buch behandelten Arten gerade noch in der Natur überleben können – angesehen werden.

Ähnliche Temperaturen konnte ich auch in den nördlichen zentralafrikanischen Bereich bis Südkamerun vorfinden; ab dem Äquatorialbereich änderte sich dies aber sehr stark: In Gabun und Kongo konnte ich in den meisten Biotopen deutlich tiefere Temperaturen zwischen 21° und 23 °C messen; lediglich das Wasser des Kongoflusses selbst befand sich wieder bei mehr gewohnten Werten um 25 °C. In extremen Lagen in dieser Zone waren aber auch Bäche mit nur 19 °C vorzufinden, aus denen ich viele für die Aquaristik interessante Arten sammeln konnte!

Höhere Wasserpflanzen sind in den Flüssen und Bächen West- und Zentralafrikas selten. Die im Aquarium so beliebten *Anubias*-Arten leben nach meinen Beobachtungen nur selten ganzjährig untergetaucht. Im Normalfall wachsen sie ganz außerhalb des Wassers, in der Uferregion, im Spritzwasserbereich oder nur während des Höhepunkts der Regenzeit ganz untergetaucht.

Das Verschiedenblättrige Speerblatt, Anubias heterophylla, wird etwas größer als die in der Aquaristik beliebte Anubias barteri var. nana. Doch auch diese Art ist dauerhaft unter Wasser haltbar.
Foto: Piednoir

Manche Arten, wie beispielsweise *Anubias afzellii*, konnte ich zu Hause nur außerhalb des Wassers auf Dauer erfolgreich kultivieren. Einige *Nymphaea*-Arten können noch gefunden werden. Sie sind zwar echte Wasserpflanzen, genauso wie auch einige Arten der Gattung *Crinum*, die ebenfalls in afrikanischen Bächen wachsen, aber nur selten anzutreffen. *Crinum* haben für das Durchschnittsaquarium zusätzlich den Nachteil, daß fast alle Arten sehr groß werden. Blattlängen bis zu zwei Metern sind bei manchen Arten durchaus normal. Um eine wirklich gute Wirkung zu erzielen, können *Crinum* daher nur in großen, hohen Aquarien verwendet werden.

Der Bodengrund besteht in der Natur meist aus feinem Sand, in ruhigen Gewässern können auch dicke Schlammschichten von mehr als einem Meter Stärke angetroffen werden. Diese Schlammschicht wird von den Cichliden in mehrere Hinsicht genutzt: Darin enthaltene kleinste pflanzliche und tierische Organismen dienen als Nahrung, die Fische tauchen auch bei Gefahr tief in die Schlammschicht hinein.

Oft sind auch dicke Laubschichten anzutreffen, zwischen denen sich die Fische ebenfalls gut verbergen können, darin werden auch teilweise die Gelege abgesetzt und die Brut aufgezogen. Weitere Strukturierungen sind durch verstreut eingebettete Felsen oder Steine gegeben; Äste oder Wurzeln der ufernahen Pflanzen bilden ebenfalls zahlreiche Versteck- oder Unterstandsmöglichkeiten.

Grober Schotter findet sich nur selten, er ist eher für Bäche in bergigen und hügeligen Zonen typisch, und auch dort nur im Oberlauf oder in sehr rasch fließenden Gewässern, wo das feinere Sediment noch mit dem Wasser fortgetragen wird – genau so, wie es ja auch in europäischen Gewässern der Fall ist. In den häufigeren, langsamer fließenden Bächen der ebeneren Gebiete setzen sich das feine Sediment, Schwebstoffe und sonstige feinere Partikel leicht am Boden ab und bilden diese genannten dicken Schichten.

Nahrungsquellen – außer den oben erwähnten Kleinstorganismen – können vor allem Garnelen sein, die in den verschiedensten Größen reichhaltig in fast allen Bächen zu finden sind; Anflugnahrung – in Form kleiner Insekten und anderer Kleintiere – ist hingegen eher selten. Natürlich leben hier auch einige Cichlidenarten als Freßfeinde anderer Fische, allerdings weniger in der Form eines spezialisierten Räubers. Vielmehr wird halt jeder kleine Fisch – ziemlich egal welcher Art er angehört, solange er nur bequem ins Maul paßt – als wertvolle Bereicherung des Speiseplans angesehen.

Vertreter anderer bekannter Fischfamilien, die in der Natur regelmäßig gemeinsam mit diesen Zwergcichliden zu finden sind, stammen beispielsweise aus den Gattungen *Epiplatys* und *Aphyosemion* (Eierlegende Zahnkarpfen), *Barbus*, *Barilius* (Barben), *Brycinus* und *Nannocharax* (Salmler) oder *Synodontis*, *Chiloglanis* und *Amphilius* (Welse).

Zunächst sollte der Pfleger die im vorhergehenden Kapitel gemachten Angaben weitestgehend berücksichtigen, das Aquarium also mit möglichst nicht zu hartem und etwa neutralem Wasser füllen, eine Bodenschicht aus feinem Material (z. B. Flußsand mit Körnung unter 2 mm) einbringen, viele Versteckmöglichkeiten (egal ob aus Steinen aufgebaut, ob Blumentöpfe oder ausgehöhlte Kokosnußschalen) anbieten. Damit sind schon wesentliche Grundvoraussetzungen für die erfolgreiche Haltung und auch Zucht der meisten Arten erfüllt. Selbstverständlich sollte bevorzugt eine Arthaltung oder Vergesellschaftung mit nur wenigen anderen,

kleinen Fischen vorgenommen werden. Sollen diese Zwergbuntbarsche nur gepflegt, aber nicht gezüchtet werden (was eigentlich jammerschade wäre), dann kann das Wasser auch ruhig hart sein – die Fische können dies durchaus tolerieren, Zuchten werden dann aber mit Ausnahme weniger, besonders anpassungsfähiger Arten nicht mehr möglich sein.

Achtung: Wichtig ist allerdings in jedem Wässerchen, daß dieses immer sauber und in gutem Zustand gehalten wird, also die regelmäßigen Teilwasserwechsel (ca. $^1/_4$ des Inhalts jeden Monat als Minimum) und eine gute Filterung nicht vernachlässigen!

Thysochromis ansorgii *(im Bild ein erwachsenes Männchen) ist ein ruhiger, mittelgroßer Cichlide aus den Flüssen West- und Zentralafrikas.*

Ich werde später im Buch noch ein paar Sätze zu diesem Thema äußern.

Über Aquariengrößen, in denen Fische gehalten werden sollen, wird oft und gerne geschrieben – eigentlich meist überhaupt nicht korrekt, vor allem wenn man in der Natur gesehen hat, welche Volumina oft kleine Arten nutzen. Auch ist es wenig sinnvoll, Mindestliterangaben pro Zentimeter Fischlänge zu verwenden; zu viele Faktoren wie Hälterungstemperatur, Temperament und Lebensweise der Art und vieles mehr müßten mit berücksichtigt werden, um zu einigermaßen vernünftigen Aussagen zu kommen.

> **Tip:** Generell muß der Aquarianer bei der Aquariengröße nach dem Grundsatz „so groß wie nur möglich, mit so wenigen Fischen wie möglich" verfahren – auch wenn Beschränkung schwer fällt.

Ich selbst bin zum Beispiel bemüht, die kleinsten dieser Zwergcichliden (Arten mit rund 6 bis 8 cm Länge) in Aquarien mit mindestens etwa 50 l Inhalt zu pflegen – größere Aquarien bieten aber nicht nur die Möglichkeit, mehr Verhaltensweisen der Fische beobachten zu können, ich habe auch die Erfahrung gemacht, daß die Fische darin wesentlich weniger schreckhaft sind, weniger unter Streß leiden und normalerweise höhere Lebenserwartungen besitzen. Möchte der Liebhaber größer werdende Fische pflegen, dann muß das Aquarium natürlich auch größer sein – aber nicht nach der Regel „doppelte Fischlänge ist doppelte Literzahl"!

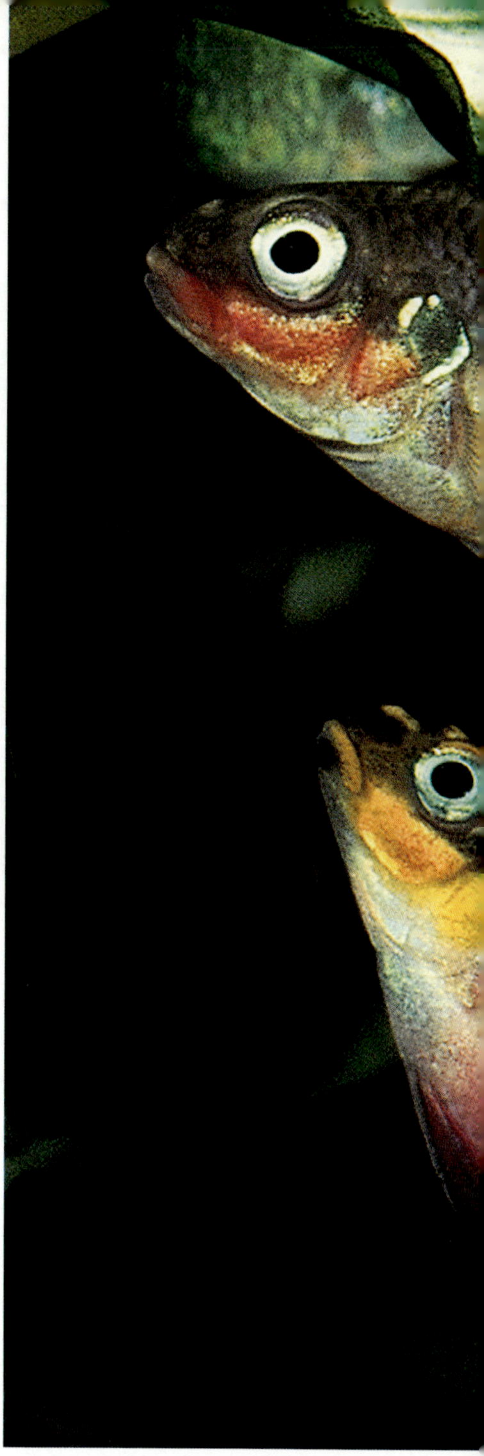

Pelvicachromis taeniatus *aus Nigeria (oben Männchen, unten Weibchen) stel-len mittlere Ansprüche an die Pflege. Foto: Piednoir*

Ein 10 cm langer Fisch besitzt nämlich bei der Annahme einer gleichen Grundgestalt die ungefähr achtfache Masse wie ein Fisch mit 5 cm Länge- und das bedeutet auch, daß die achtfache Literanzahl erforderlich wird!

> **Achtung: Vergessen Sie bitte nicht, das Aquarium nach der zu erwartenden Größe erwachsener Fische auszurichten.**

Im Zoohandel werden meist nicht erwachsene, sondern nur Jungfische bis halberwachsene Fische angeboten. Cichlidenaquarien müssen übrigens immer eine große Grundfläche besitzen – vor allem west- und zentralafrikanische Zwergcichliden sind stark bodenorientiert und spätestens zur Fortpflanzungszeit auch revierbildend. Ein hohes Aquarium ist absolut nicht zweckmäßig und wird von den Fischen nicht vollständig genutzt.

Vergesellschaftungen mit anderen, nicht zu robusten oder zu großen Fischarten sind möglich; als Orientierungshilfe, was gut dazu paßt, kann die Nennung der Gattungen herangezogen werden, die auch in der Natur mit diesen Buntbarschen zusammen vorkommen. Natürlich sind aber auch südamerikanische Salmler oder kleinere asiatische Barben meist recht gut geeignet. Der eigene Geschmack darf bei der Auswahl ruhig mitentscheiden; ich hatte auch immer recht gute Erfolge bei der Vergesellschaftung dieser Cichliden mit südamerikanischen Lebendgebärenden oder kleinen bis mittelgroßen Labyrinthfischen.

In der Fütterung sind die meisten nachfolgend vorgestellten Arten problemlos an Flocken- und Tablettenfutter zu gewöhnen – die Marke ist meiner Meinung nach ziemlich egal. Sind die Fische einmal an diese Futterart gewöhnt, dann akzeptieren sie es „firmenunabhängig". Bei Kunstfutter, wie ich diese Futterarten im Gegensatz zu natürlichem Futter auch gerne bezeichne, habe ich bisher auch ausgezeichnete Erfahrungen mit spirulinahaltigen Sorten – egal ob Tabletten oder Flocken – gemacht. Besonders empfehlen kann ich hier Pleco-Min. Auch wenn dieses Futter eigentlich für Welse gemacht wurde – kleine afrikanische Buntbarsche nehmen es gerne an. Diese Futtertabletten zerfallen rasch in feines Granulat, das sich über den Bodengrund verteilt und dann von den Fischen in einer für sie eigentlich typischen Ernährungsform aufgenommen werden kann: Nämlich durch durchwühlen des Bodengrunds. Grober Kies oder Schotter oder solcher aus scharfkantigen Steinen, wie er leider immer wieder angeboten wird, ist hier logischerweise fehl am Platz! Die Wahl soll daher auch aus diesem Grund auf feinen Flußsand fallen. Die Fische tauchen bei der Nahrungsaufnahme mit dem Kopf oft bis über die Augen in den Bodengrund. Der Sand wird wieder ausgespuckt, die feinen Nahrungspartikel werden zurückgehalten und verwertet. Eine absolut natürliche Ernährungsform, bei der die Fische viele Ballaststoffe mit aufnehmen, zusätzlich auch

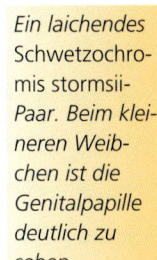

Ein laichendes Schwetzochromis stormsii-Paar. Beim kleineren Weibchen ist die Genitalpapille deutlich zu sehen

Ein großes Chromidotilapia g. guentheri-Männchen aus Ghana.

Ein balzendes Chromidotilapia g. guentheri-Weibchen.

Vertreter der Gattung Hemichromis *gehören wohl zu den farbenprächtigsten Buntbarschen. Bei dem abgebildeten Fisch könnte es sich um* H. guttatus *handeln. Foto: Piednoir*

über einen längeren Zeitraum – einige Stunden – kontinuierlich kleine Futtermengen aufnehmen können und nicht, wie meist bei der Fütterung üblich – zu große Mengen in zu kurzer Zeit. Selbstverständlich ist natürliches Futter nach Möglichkeit immer zu bevorzugen, besser lebend als gefroren – allerdings: Finger weg von *Tubifex*!

Achtung: Die meisten Afrikanischen Zwergbuntbarsche vertragen *Tubifex* sehr schlecht und können oft schon nach einmaliger Darreichung heftig erkranken und zu Todeskandidaten werden.

Sehr gut geeignete Lebendfuttersorten sind: *Cyclops*, *Daphnia*, Rote, Weiße und Schwarze Mückenlarven sowie frischgeschlüpfte *Artemia*. Letztere sind bei der Zucht nicht wegzudenken, werden aber immer gerne auch von erwachsenen Fischen angenommen.

Das Aquarium für diese Cichliden kann übrigens bei vielen Arten auch gut bepflanzt werden – die meisten west- und zentralafrikanischen Zwergcichliden wühlen nämlich nur sehr wenig und vergreifen sich auch sonst nicht an Pflanzen. Soll die Bepflanzung möglichst „stilecht" sein, dann empfehlen sich vor allem die meistens sehr robusten Vertreter der Gattung *Anubias*. Es gibt Arten mit verschiedensten Größen, so daß man einen sehr schönen Aufbau im Aquarium vornehmen kann. Auch verschiedene *Nymphaea*-Arten kommen aus Afrika, ebenso wie Arten der Gattung *Crinum*. Letztere können aber sehr groß werden – mit Blattlängen von bis zu zwei Metern – und sind daher wohl nur für große und auch hohe Aquarien zu empfehlen. Natürlich kann aber bei der Bepflanzung auch der Grundsatz des persönlichen Geschmacks gelten – und seien wir ehrlich, den Fischen ist es wohl egal, ob die Pflanzen aus Afrika oder aus einem anderen Erdteil stammen.

Ein gesonderte Düngung der Wasserpflanzen ist in solchen Aquarien meiner Meinung nach nicht erforderlich; in meinen Aquarien traten noch nie Wachstumsprobleme mit den Pflanzen auf. Bitte auch keinen vorgedüngten Bodengrund, wie er im Handel erhältlich ist, verwenden. Er ist meist von der Körnung und der Form des Kieses für ein Aquarium mit Zwergbuntbarschen nicht geeignet, zusätzlich bringt er meiner Meinung nach gerade in der heiklen Startphase eines Aquariums viel zu viel Nährstoffe hinein.

Hinweis: Alle erforderlichen Nährstoffe werden durch Nahrung und Stoffwechselendprodukte der Cichliden eingebracht, im Normalfall sind in den Aquarien häufiger Probleme durch zu viel an Nährstoffen als durch zu wenig festzustellen.

Die Gewellte Hakenlilie, Crinum calamistratum, *aus Kamerun ist eine relativ groß werdende Pflanze, die jedoch hervorragend für größere Cichlidenaquarien geeignet ist.*
Foto: Piednoir

Dabei betone ich jedoch, daß dies für Aquarien gilt, in denen die Fisch- und nicht die Pflanzenhaltung im Vordergrund steht (z. B. im Gegensatz zu den sogenannten „Holländischen Aquarien", in denen eine zusätzliche Düngung zweifelsfrei ihre Berechtigung hat).

Ein Zuviel an Nährstoffen ist meist einfach ersichtlich und wohl jedem Aquarianer leidvoll bekannt – häufig äußert es sich durch gesunden, kräftigen Algenwuchs, über den sich aber die Wenigsten freuen. Algen sind aber – so ehrlich muß man sein – meistens mehr ein optisches als ein biologisches Problem, sie sind im Regelfall für die Fische weder in der Natur noch im Aquarium nachteilig, lediglich der Pfleger hat keine Freude daran, empfindet er sie doch meist als unschön. In der Natur haben sie aber wichtige Funktionen, egal ob selbst als Nahrung, als Substrat, in dem Nahrung (Mikroorganismen,

Der Sumatra-farn, Ceratopteris thalictroides, *ist eine hervorragend für fast jedes Aquarium geeignete Pflanze, die sich sowohl schwimmend als auch eingepflanzt kultivieren läßt.*
Foto: Piednoir

Kleinkrebse etc.) zu finden ist oder als Versteckmöglichkeit für die Fische.

Am leichtesten kann man Abhilfe schaffen, wenn die frei verfügbaren Nährstoffe in Aquarium verringert werden. Schnellwachsende Pflanzen, die viele Nährstoffe verbrauchen, eignen sich sehr gut zur Abhilfe. Ich selbst verwende sehr gerne Schwimmfarne der Gattung *Ceratopteris*, sie wachsen immens rasch und sorgen obendrein für schattige Bereiche im Aquarium. Weiters sollte auch ein regelmäßiger Teilwasserwechsel heute schon selbstverständlich für jeden Aquarianer sein, egal ob wenig Wasser oft gewechselt wird (was die bessere Lösung ist) oder viel Wasser weniger oft. Auch damit werden Nährstoffe im Aquarium reduziert. Übrigens – Wasserwechsel wird gemacht, ohne gleich das Aquarium neu einzurichten! Leider wird hier noch immer viel Unsinn getrieben; so mancher Pfleger wundert sich, warum bei ihm weder Fisch noch Pflanze richtig gedeiht, wobei das Aquarium doch jeden Monat komplett gereinigt und neu gestaltet wird. – Alles Unsinn!

> **Tip:** **Wasserwechsel, Filter reinigen und Scheiben putzen sind ausreichend, ein gut betriebenes Aquarium wird vielleicht alle paar Jahre mal komplett ausgeräumt und wieder neu eingerichtet.**

Ich selbst habe schon einige Aquarien, die zwölf Jahre in Betrieb sind, ohne zwischendurch neu eingerichtet worden zu sein.

Ein paar Hinweise nun noch zu Erkrankungen: Natürlich können nahezu alle bekannten und häufigen Krankheiten anderer Fischarten auch bei diesen Cichliden auftreten, vor allem die Ektoparasiten *Ichthyophthirius* und *Oodinium* (Pünktchenkrankheiten). Gegen beide Erreger gibt es erprobte und wirkungsvolle Medikamente im Handel, so daß ich nicht allzu intensiv darauf eingehen möchte. Vorsicht ist lediglich bei letzterer Krankheit am Platze: *Oodinium* tritt vor allem in weichem und saurem Wasser leicht auf. Hier muß man das Medikament sorgfältig wählen, da viele Heilmittel auf Kupferbasis aufgebaut sind und Kupfer im sauren Bereich viel giftiger als im basischen wirkt – die Fische könnten dann sehr leicht ebenso Opfer einer erfolgreichen Krankheitsbehandlung werden wie die Krankheitserreger!

Ein Nanochromis transvestitus-Weibchen. Diese Art kommt aus dem Kongo-Gebiet und stellt bei der Zucht hohe Ansprüche. Foto: Tavernier

Der Pfleger kann möglichen Problemen aber gut entgegenwirken, indem zum Medikament auch gewöhnliches Kochsalz ins Aquarium gegeben wird; ein altbewährtes Mittel, das bei nicht zu starkem Befall an Ektoparasiten auch alleine oft sehr gute Erfolge bringt. Die Menge, die beigegeben werden kann oder sollte, ist leicht zu bestimmen: Ein gehäufter Teelöffel auf zehn Liter Wasser ist eine erprobte Dosis.

Zwei andere Erkrankungen können ebenfalls leicht bei west- und zentralafrikanischen Cichliden auftreten: Erstens eine Art Bauchwassersucht, bei der die Fische unförmig aufquellen, oft Glotzaugen bekommen und am Schluß meist auch noch Schuppensträube. Im Regelfall tritt diese Krankheit nur bei einzelnen Fischen auf, die dann allerdings normalerweise nicht mehr zu retten sind. Antibiotika helfen fallweise, aber nicht regelmäßig, auch ist die Verabreichung nicht einfach. Auf jeden Fall muß der so erkrankte Fisch aus dem Hälterungsaquarium entfernt und separiert werden, ehe mit einer Behandlung begonnen wird – meistens ist der Fisch aber ein 100-prozentiger Todeskandidat.

Die zweite Krankheit offenbart sich zunächst durch Abmagerung der Fische, wobei diese zwar immer wieder versuchen, Nahrung aufzunehmen, diese aber sofort wieder ausspucken. In fortgeschrittenem Stadium ist der Bauch der Fische stark eingefallen, sie bekom-

21

men einen sogenannten Messerrücken, die Augen quellen leicht heraus und mitunter kommt es auch zu offenen Geschwüren am Fischkörper. Wahrscheinlich handelt es sich bei dieser Krankheit um eine schwere Bakteriose, die – zumindest im Anfangsstadium – oft noch mit einfachen Methoden bekämpfbar ist: Ich gebe den Fischen sehr viel Ruhe (sie verbleiben im Hälterungsaquarium), setzte dem Aquariumwasser Kochsalz (Dosierung wie Seite 21) zu und füttere nur vegetarische, ballaststoffreiche feinste Kost – spirulinahaltige Futtertabletten, die am Boden in feine Partikel zerfallen, haben sich sehr bewährt – allerdings nur in sehr geringen Mengen. Mit dieser Methode habe ich – wie schon erwähnt in den Anfangsstadien dieser Erkrankung – über 50 % Heilerfolg. Im späteren Stadium ist eine Gesundung nicht mehr zu erreichen; die Krankheit tritt auch immer epidemisch auf, meist ist der Besatz der befallenen Art und sehr nahe verwandter Arten im Aquarium damit letztendlich vernichtet.

Die wenigsten Probleme mit Krankheiten habe ich bei meinen Fischen immer dann, wenn diese in großen, nur mit wenigen Tieren besetzten Aquarien gepflegt werden und wenn die Fütterung intensiv mit ballaststoffreicher und auch vegetarischer Nahrung (z. B. *Artemia*, *Bosmina*, *Cyclops*, *Daphnia* und *Spirulina*) durchgeführt wird, wobei ich selbst lieber etwas zu wenig, mit ein bis zwei Fastentagen pro Woche, als zu üppig füttere.

> **Achtung:** Fische in überbesetzten Aquarien, in denen auch noch der Wasserwechsel etwas vernachlässigt wird, werden leichter von Krankheiten befallen.

Züchter sollten sich auch bewußt sein, daß sie bei der Aufzucht von Jungfischen, bei der diese beiden genannten Voraussetzungen leider oft zutreffen und bei der zusätzlich auch meist sehr viel gefüttert (überfüttert) wird, damit die Jungfische (unnatürlich) schnell wachsen, leicht den Grundstein für spätere schwere Erkrankungen der Fische legen!

Der Rest an „Aquarientechnik" ist nichts Besonderes gegenüber allen bekannten Aussagen. Selbstverständlich muß eine gute Filterung heute absolute Pflicht sein. Es ist weniger von Bedeutung, ob hier Außen- oder Innenfilter verwendet werden oder ob man luftbetriebene Filter oder Motorfilter einsetzt. Ich persönlich bevorzuge luftbetriebene Filter mit Schaumstoffpatronen oder Watteeinsätzen – sie sind langlebig, kostengünstig in der Anschaffung und im Betrieb (allerdings muß man sich einmal eine gute Luftpumpe besorgen, mit der dann aber mehrere Filter betrieben werden können), leicht zu reinigen, das Filtermaterial ist über lange Zeit hinweg wieder verwendbar, Jungfische werden damit auch kaum angesaugt. Allerdings stößt man mit dieser Filtertechnik in großen Aquarien an die Grenzen, da dann nicht genug Sog erzeugt werden kann, um das Aquarium in allen Bereichen sauber zu halten.

Steatocranus tinanti *ist eine extrem an das Leben in Stromschnellen angepaßte Art aus dem Kongo-Fluß.*
Foto: Piednoir

Nicht jeder Aquarianer möchte aber akzeptieren, daß in seinem Aquarium in manchen Winkeln Mulm existiert, was in größeren Behältern mit luftbetriebenen Filtern fast immer der Fall ist.

Ist der Filter mit Luft betrieben, dann muß der Pfleger auch noch etwas vorsichtig sein, wenn ein niedriger pH-Wert gehalten werden soll – eine starke Durchlüftung treibt CO_2 auch stark aus, damit steigt der pH-Wert an. In Aquarien mit weichem, saurem Wasser muß daher der Luftausstrom (egal, ob aus Filter oder Durchlüftung) sorgfältig geregelt werden.

Die Beleuchtung kann grundsätzlich frei nach persönlichem Geschmack und nach Bedarf der im Aquarium befindlichen Pflanzen gewählt werden. Die meisten kleinen Buntbarsche West- und Zentralafrikas bevorzugen allerdings eher ein etwas gedämpftes Licht, sind sie doch in der Natur Bewohner von Waldbächen, in die nur selten volles Sonnenlicht durchzudringen vermag. Eine von mir bereits erwähnte Schwimmpflanzendecke kann aber helfen, wenigstens einen Teil des Aquariums ein wenig abzudunkeln, die Fische können sich dann nach Belieben in Bereichen verschiedener Helligkeit bewegen.

Die Beheizung der Aquarien erfolgt mit handelsüblichen Regelheizern, ist aber bei manchen Arten aus Gabun oder dem Kongo in beheizten Räumen nicht erforderlich. Welche Temperaturen im Einzelfall – angepaßt an die zu pflegenden Arten – notwendig sind, das hängt vom Herkunftsgebiet der Fische ab – ich möchte hier auf die Angaben im Kapitel: „Die Heimatgewässer und das natürliche Verbreitungsgebiet" verweisen. Im Durchschnitt wird der Aquarianer mit Temperaturen zwischen 22° und 25 °C immer richtig liegen.

Fortpflanzung

Ein Pelvicachromis pulcher-*Weibchen mit Jungfischen.* Pelvicachromis *sind Höhlenbrüter.*
Foto: Piednoir

Eine Hemichro-
*mis-sp.-Gruppe
aus Guinea.
Junge Fische
dieser Gattung
vertragen sich
gut, aber späte-
stens wenn die
ersten Fische in
Fortpflanzungs-
stimmung gera-
ten kann es
Probleme durch
Aggressionen
bei der Pflege
einer Gruppe
geben.
Foto: Piednoir*

Die Zucht der Pfleglinge ist wohl das Ziel fast jedes Aquarianers und beson- ders bei Cichliden interessant, sind doch alle Arten brutpflegend, das heißt die Eltern betreuen das Gelege und meist auch die Jungfische noch eine Zeitlang. Natürlich trifft dies auch auf die hier besprochenen Arten zu, bei denen so ziemlich jede von Cichliden bekannte Art der Brutpflegeform vor- kommen kann.

Bevor es allerdings konkret zur Brut- pflege kommt, muß kurz auf Territoria- lität, Aggression und Paarbindung bei Buntbarschen eingegangen werden.

Die Grundbedingung, daß eine Zucht überhaupt möglich werden kann ist die, daß das Aquarium groß genug ist, daß sich ein Paar ein Territorium oder Re- vier aufbauen kann, welches es gegenü- ber Mitbewohnern verteidigt und das auch groß genug ist, daß im Fall von Streitigkeiten Rückzugsmöglichkeiten für den unterlegenen Fisch bestehen. Gerade dieser Punkt ist sehr wichtig.

Achtung: **Oft sind die Streiterein inner- halb einer Art, also die Auswirkungen der innerartlichen Aggressivität größer als die zwischen verschiedenen Arten.**

Ein Hemichromis-*sp.-Weib-*chen am *Gelege.* Hemichromis *sind Offen-brüter.* *Foto: Piednoir*

Die meisten Kämpfe bei Cichliden, die sich innerhalb der Art abspielen, sind allerdings an bestimmte, festgelegte Verhaltensweisen orientiert – an sogenannte „ritualisierte Verhaltensweisen" – bei denen ernsthafte Beschädigungen der Kontrahenten oder gar die Tötung vermieden werden. Im Aquarium kann das aber oft anders enden, da der unterlegene Fisch nicht immer aus dem Revier oder aus dem Sichtfeld des dominanten Gegners entfliehen kann. Hier ist der Pfleger gefordert, seine Fische aufmerksam zu beobachten und erforderlichenfalls unterlegene Fische aus dem Aquarium zu entfernen. Ich möchte aus Platzgründen nicht im Detail auf verschiedene Verhaltensweisen der Cichliden eingehen, dem Leser sei bei Interesse empfohlen, sich der zahlreichen und umfassenden Literatur zu diesem Thema zu bedienen.

Das Revier wird normalerweise durch ein Männchen gebildet und zunächst gegen alle anderen Mitbewohner im Aquarium verteidigt. Wird ein Weibchen laichreif, dann beginnt es, sich vorsichtig dem Männchen zu nähern; dabei werden von Art zu Art verschiedene, hochspezialisierte Verhaltensweisen gezeigt, welch dazu dienen, die Aggressivität des Männchens zu reduzieren. Ist das Weibchen erfolgreich, dann wird bei Offen- und Höhlenbrütern sowie bei Maulbrütern der Gattungen *Chromidotilapia* und *Limbochromis* das Revier nunmehr gemeinsam verteidigt. Oft bleibt bei dieser Gruppe ein Paar dann sein ganzes Leben lang zusammen und zieht bei guter Pflege viele Bruten auf.

Bei Höhlenbrütern aus den Gattungen *Nanochromis*, *Parananochromis* und *Pelvicachromis* werden bei der Paarbildung auch von beiden Fischen gemeinsam Höhlen unter Steinen oder Wurzeln gegraben oder es wird Sand aus vorhandenen Höhlen (Blumentöpfen, Kokosnuß-Schalen usw.) gemeinsam wegtransportiert. Dieses Verhalten ist immer fester Bestandteil im Balzritual der betreffenden Arten und dürfte von großer Bedeutung für den Paarzusammenhalt sein, die Beziehung wird dadurch möglicherweise gefestigt. Der Pfleger muß also bei diesen Arten darauf Rücksicht nehmen und Höhlen oder sonstige geeignete Verstecke mit feinem Sand füllen oder umgeben.

Ein Hemichromis-*Gelege, aus dem gerade die Larven schlüpfen.*
Foto: Piednoir

Auch Großcich-liden, wie hier zum Beispiel Hemichromis elongatus, *sind in den Flüssen West- und Zentralafrikas zu finden; sie sind jedoch nicht Thema dieses Buchs.*

Bei den hochspezialisierten Maulbrütern aus der *Haplochromis*-Verwandtschaft (zum Beispiel *Ctenochromis* oder *Pseudocrenilabrus*) wird kein gemeinsames Revier durch ein Paar aufgebaut. Erwachsene Männchen besetzten alleine ein Territorium, im Zentrum befindet sich entweder ein markanter Stein, der dann als Laichunterlage verwendet wird oder die Männchen bauen eine kleine Laichgrube im Sand, wohin sie dann Weibchen zu locken versuchen. Laichreife Weibchen nähern sich dem Männchen nur, um mit ihm abzulaichen. Das Männchen umwirbt das sich nähernde Weibchen mit weit gespreizten Flossen und zeigt dabei auch seine schönsten Farben. Folgt ihm das Weibchen, beginnt über der Laichstelle ein Kreiselschwimmen der beiden Fische, das Weibchen beginnt schließlich

nach einiger Zeit, das Männchen mit der Schnauze bei der Geschlechtsöffnung anzustubsen. Reagiert das Weibchen nicht innerhalb einer bestimmten Zeitspanne mit Balzhandlungen, wird es vom Männchen attackiert und vertrieben. Im dem Falle, daß das Weibchen tatsächlich ablaichen möchte, beginnt nach kurzer Zeit auch die Abgabe der Geschlechtsprodukte, also der Eier und der Spermien, wobei die beiden Partner diese abwechselnd in kleinen Schüben abgeben. Das Weibchen nimmt nach jedem Eischub die Eier sofort in das Maul auf. Ein Teil der Eier wird durch die an der Laichstelle im freien Wasser befindlichen Spermien befruchtet, ein Teil aber erst im Maul des Weibchens. Ist das Laichen beendet, entfernt sich das Weibchen sofort bzw. wird vom Männchen verjagt. Das Weib-

Ein prächtig gefärbtes Hemichromis spec.-Männchen. Foto: Aqualife

chen hält sich dann meist an versteckten, ruhigen Plätzen auf und kommt nur selten hervor. Es zieht die Nachkommenschaft ganz alleine auf, das Männchen wartet in seinem Revier auf die nächste laichbereite Dame.

Maulbrüter aus den Gattungen *Chromidotilapia* und *Limbochromis* setzen ihr Gelege in Gegensatz zu haplochrominen Maulbrütern immer vollständig ab, die Paarbindung bleibt normalerweise – wie ich schon weiter oben erwähnt habe – bestehen. Auch werden bei diesen Gattungen die freischwimmenden Jungfische noch längere Zeit gemeinsam betreut.

Ich möchte im Folgenden nun noch kurz die grundsätzlichen Brutpflegeformen – allerdings immer in Bezug auf die später zu besprechenden Arten aus West- und Zentralafrika – darstellen;

spezielle Ergänzungen folgen, soweit erforderlich, im Artenteil.

Offenbrüter: Es handelt sich hier um die grundlegendste Form des Ablaichens und der Brutpflege, die bei Cichliden bekannt ist. Es werden dabei eine – immer im Verhältnis zur Größe der Fische zu sehen – große Anzahl relativ kleiner, proteinarmer, unpigmentierter und dadurch glasig wirkender Eier auf einer Unterlage – Stein, Wurzel, Pflanzenblatt oder auch Aquarienscheibe – abgelegt. Beide Elternteile pflegen relativ gleichwertig, auch wenn in der Ei- und Larvenphase die Weibchen immer etwas aktiver sind. Im Normalfall sehen sich die Geschlechter sehr ähnlich, geschlechtsspezifische Färbungen fehlen, voll erwachsene Fische können vielleicht an geringen Größenunterschieden und leichten Unter-

Unten und rechts:
Ein Hemichro-
mis-*sp.-Weib-
chen in seinem
Jungfisch-
schwarm.*
Alle Hemichro-
mis *sind Offen-
brüter.*
Fotos: Piednoir

schieden in der Größe der unpaaren Flossen unterschieden werden: Weibchen bleiben etwas kleiner und haben schwächer entwickelte Flossen.

Die Eier entwickeln sich ziemlich rasch, bei rund 25 °C durchbrechen die Larven nach etwa 3 Tagen die Eihüllen und werden von den Eltern in Gruben gebettet und dort betreut. Nach weiteren vier bis fünf Tagen schwimmen die kleinen Jungfische frei und werden von beiden Eltern behütet. Zu diesem Typ zählen die Gattungen Anomalochromis und Hemichromis. Alle Arten aus dieser Kategorie sind paarbildend.

Höhlenbrüter: Wie der Name schon aussagt, werden hier die Gelege in Höhlen oder höhlenähnlichen Verstecken abgelegt und darin zunächst hauptsächlich von den meist deutlich kleineren Weibchen betreut – sowohl die Eier, wie auch die Larven. Es werden wesentlich weniger Eier abgesetzt als bei gleich großen Offenbrütern, dafür sind die Eier der Höhlenbrüter größer, dotterreicher und dadurch nicht mehr klar-durchsichtig sondern normalerweise weiß bis gelblich gefärbt. Die normalerweise größeren Männchen übernehmen in dieser Zeit die Revierbetreuung, nach dem Freischwimmen der Jungen (etwa acht bis neun Tage nach dem Ablaichen) werden die Jungen aber von beiden Elternteilen geführt. Die Jungfische sind beim Freischwimmen deutlich größer und weiter entwickelt als die von Offenbrütern. Männchen besitzen bei dieser Gruppe im Regelfall auch eine deutlich stärker entwickelte Beflossung, zusätzlich bestehen bei den meisten Arten farbliche Unterschiede zwischen den Geschlechtern. In diese Gruppe gehören die Gattungen *Pelvicachromis*, *Nanochromis*, *Parananochromis*, *Thysochromis*, *Lamprologus*, *Steatocranus* und *Teleogramma*. Alle diese Arten sind überwiegend paarbildend; es wird aber bei einigen auch von Tendenzen zur Polygamie, also zur Haremsbildung, berichtet.

Ein halb erwachsener Buckelkopfcichlide, Steatocranus casuarius. *Foto: Aqualife*

Oben: *Ein bal-
zendes*
Pelvicachromis
subocellatus-
Weibchen.

Mitte:
Nanochromis
parilus.

Unten:
Pelvicachromis
taeniatus-
*Weibchen der
Form von
Moliwe.*

Fotos: Aqualife

Maulbrüter: Es handelt sich hier um das höchstentwickelte bekannte Fortpflanzungsverhalten bei den Cichliden. Je nach Art kennt man zwei verschiedene Grundtypen der Maulbrutpflege. Werden die Eier sofort nach dem Ablaichen zur dauernden Pflege bis zum Freischwimmen der Jungen von einem oder beiden Elternteilen in die Mundhöhle aufgenommen, so spricht man von ovophilem Maulbrüten. Erfolgt die Aufnahme nicht sofort, sondern später – meist zu dem Zeitpunkt, wenn die Larven die Eihüllen durchbrechen – so nennt man dies larvophiles Maulbrüten. Die zweite Form ist weniger häufig zu finden, Ovophilie stellt also die häufigere Art der Maulbrutpflege dar.

Larvophile Maulbrüter finden wir in den Gattungen *Limbochromis* und *Chromidotilapia*, ovophile ebenfalls bei *Chromidotilapia*, sowie bei *Ctenochromis*, *Pseudocrenilabrus* und bei *Schwetzochromis*.

In der Unterscheidung der Geschlechter können bei den Maulbrüter ebenfalls zwei Gruppen unterschieden werden: Maulbrüter aus der „*Haplochromis*-Verwandtschaft" (*Ctenochromis*, *Schwetzochromis* und *Pseudocrenilabrus*) weisen größere Männchen auf, im Regelfall mit Eiatrappen (Flecken oder Punkten) in der Afterflosse, stärker entwickelter Beflossung und meist auch kräftigerer, bunterer Färbung als die Weibchen. Weibchen sind meist mehr

Ein Chromidotilapia finleyi-*Weibchen von Lobe mit Jungfischen.*

oder weniger einfarbig silbrig oder bräunlich gefärbt. Bei *Chromidotilapia* gibt es hingegen Arten, bei denen sich die Geschlechter sehr ähneln (*C. batesii, C.finleyi*) oder auch stärkere Unterschiede in Größe und Färbung zeigen (*C. g. guentheri*). Bei *Limbochromis* sind die Unterschiede wie bei den oben vorgestellten Höhlenbrütern, wobei bei dieser Art das larvophile Maulbrüten sporadisch mit reinem Höhlenbrüterverhalten wechseln kann. Die Gelege der Maulbrüter umfassen im Regelfall noch weniger, dafür aber größere Eier als bei den Höhlenbrütern. Die Brutdauer beträgt mindestens zwölf (z. B. *Chromidotilapia*) bis etwa 21 Tage (*Schwetzochromis*), die Jungfische sind zu dem Zeitpunkt, wenn sie das Maul des pflegenden Elterntiers erstmalig verlassen, bereits recht groß und weit entwickelt. Die Jungfischaufzucht ist bei Cichliden normalerweise recht einfach. Während der Ei- und Larvenphase kann der Pfleger kaum einen Beitrag leisten außer durch sorgfältige Pflege seiner Fische und viel Ruhe für die pflegenden Fische – es sei denn, es besteht die Absicht zur künstlichen Aufzucht, die ich selbst aber fast nie betreibe und auch nur in Ausnahmefällen befürworte – vor allem nimmt sich der Pfleger die schönsten Momente in der Fischzucht, nämlich die aufopfernde Fürsorge der Eltern für ihre Nachkommen.

Während der ersten Zeit werden Eier und Larven ständig umsorgt. Bei Offen- und Höhlenbrütern kann man beobachten, daß die Eltern (oder wenigstens

ein Elternteil) die meiste Zeit unmittelbar bei dem Gelege stehen und durch ständige Bewegungen der Brustflossen einen stetigen Wasserstrom über das Gelege bringen. Weiters werden die Eier und Larven auch ständig inspiziert und mit dem Maul abgelutscht. Damit werden Bakterien oder Pilze, die sich auf der Nachkommenschaft absetzen und diese zerstören könnten, entfernt. Auch abgestorbene Eier und Larven werden immer rasch beseitigt. Larven werden auch oft zwischen verschiedenen Plätzen herumtransportiert oder umgebettet. Dadurch wird verhindert, daß die Larven einer zu hohen Konzentration ihrer eigenen Stoffwechselprodukte ausgesetzt sind, die sich schädlich auswirken könnte. Zusätzlich hat dieses Umbetten auch eine Schutzfunktion und ist oft bei Störungen oder Gefahr für die Larven zu beobachten. Bei Maulbrütern ist in dieser Phase der Brutpflege weitaus weniger zu beobachten. Der brutpflegende Fisch steht meist geschützt oder versteckt, lediglich der ausgebeulte Kehlsack und regelmäßige, kauartige Bewegungen, durch welche die Eier oder Larven im Maul bewegt werden, verraten die Brutpflege.
Die Jungen der Buntbarsche sind normalerweise groß genug, um ab dem ersten Tag frisch geschlüpfte Salinenkrebsnauplien zu bewältigen, zusätzlich wird von den Eltern manchmal große Nahrung zu kleinen Partikeln zerkaut und den Jungfischen vorgespuckt. Auch führen die Eltern die Jungen zur Nahrung, so daß eigentlich keine Probleme

Oben: *Das Pseudocrenilabrus nicholsi-Männchen stößt dem Weibchen in die Analregion, um es zur Eiablage zu stimulieren.*

Mitte und unten: *Das Weibchen bei der Aufnahme der letzten Eier; deutlich ist der mit Eiern gefüllten Kehlsack zu erkennen.*

Fotos: H. J. Richter

37

Ein Pelvica-
chromis pul-
cher-*Paar, im
Vordergrund
das Männchen.*
Foto: bede-
Verlag

bestehen dürften, egal ob mit Klein-
krebsen, Flockenfutter oder Futtertabletten gefüttert wird. Lebendfutter
sollte aber, wenn irgendwie möglich,
immer bevorzugt werden.

Die genannten haplochrominen Maulbrüter sind nicht paarbildend, sondern
agam; das bedeutet, daß die revierbesit-
zenden Männchen mit jedem laichbe-
reiten Weibchen ablaichen. Die Gelege
und Jungfische werden nur von den Weibchen gepflegt. Die anderen Arten sind
alle paarbildend und pflegen – wie die
Offen- und Höhlenbrüter – ihre Jungfische über mehrere Wochen hinweg
Die für die Zucht notwendigen Aquari-
en sind eigentlich nicht anders als die
für die Haltung erforderlichen, auch in
der Größe dürfen selbst dann keine Ab-
striche gemacht werden, wenn nur eine
Art pro Aquarium gepflegt wird. Natürlich müssen alle Hinweise auf Verstecke,
Rückzugsmöglichkeiten und so weiter

besonders berücksichtigt werden. Auch
Jungfische fühlen sich in größeren Aquarien wohler, wachsen besser und bleiben gesünder. Selbstverständlich lassen
sich aber fast alle Arten auch in der Vergesellschaftung züchten, es müssen nur
die Revieransprüche der einzelnen miteinander gehaltenen Arten aufeinan-
der abgestimmt sein.

Achtung: **Das Aquarium darf nicht so
dicht besetzt sein, daß die Cichliden
sich zu sehr gestört fühlen und kein
Brutrevier mehr aufbauen können.**

Allerdings muß sich der Pfleger immer
im Klaren darüber sein, daß die meisten
Arten für die Haltung zwar teilweise
große Abweichungen gegenüber den
Wasserwerten aus den natürlichen Ver-
breitungsgebieten tolerieren, daß für
die Zucht aber meistens keine oder nur
sehr geringe Abweichungen vertragen
werden.

Offenbrütende Arten

Anomalochromis thomasi (BOULEN-
GER, 1916)
Afrikanischer Schmetterlingsbuntbarsch
Vorkommen: Guinea, Sierra Leone und
Liberia.
Größe: Bis circa 8 cm.
Beschreibung: Eine kleine Art mit etwa
eiförmigem Körper und gelblich-brau-
ner Grundfärbung. Am Vorderkörper
können kleine rote Punkte auftreten,
der restliche Körper weist eine Anzahl
blauer Glanzpunkte auf. In Körpermitte ein kreisrunder, schwarzer Fleck.
Stimmungsabhängig – vor allem zur
Brutpflege – können mehrere schwarze
senkrechte Binden auftreten.
Die Unterschiede zwischen den Geschlechtern sind sehr gering. Weibchen
bleiben etwas kleiner und ihre Flossen
sind ein wenig schwächer entwickelt
als bei den Männchen.
Haltung: Die Art ist sehr friedlich und
zurückhaltend, auch kleine Mitbewohner werden im Normalfall nicht behelligt. Robust in Bezug auf die Wasserwerte, auch wenn mittelhartes bis weiches
Wasser eindeutig bevorzugt wird.
Auch in der Ernährung ist *Anomalochro-*
mis thomasi absolut problemlos; er
kann als echter Anfängerfisch auch für
kleinere Aquarien empfohlen werden.
Zucht: *Anomalochromis thomasi* ist
Offenbrüter mit Elternfamilie. Ein Paar,
das sich gefunden hat bleibt meist sein
ganzes Leben lang zusammen.
Das Gelege wird auf einen Stein oder
ein Pflanzenblatt abgelegt, die Eier – es
können bis gut 200 sein – sind klein und

farblos. Nach zwei bis drei Tagen durchbrechen die Larven die Eihüllen und werden von den Eltern in kleine Gruben umgebettet, die im Verlauf von einer Woche – bis die Jungen freischwimmen – mehrmals neu angelegt werden. Die Gruben sind aber immer klein und nicht sehr tief, Pflanzen werden dabei kaum beschädigt oder entwurzelt. Die Eltern pflegen sehr intensiv. Die Jungen sind in den ersten Tagen noch sehr klein, können aber mit feinstem Trockenfutter durchaus ernährt werden. Ab etwa dem vierten oder fünften Tag können sie bereits *Artemia*- oder kleine *Cyclops*-Nauplien bewältigen. Nach etwa einem Monat können die Jungen von den Eltern getrennt werden, welche sich nun wieder auf ihr nächstes Gelege vorbereiten.

Bemerkungen: Vor einigen Jahren ist eine stärker gelb gefärbte Variante in den Handel gekommen, bei welcher der Seitenfleck oval (in Längsrichtung) geformt ist und die unter der Rückenflosse am Körper eine Anzahl schwarzer Punkte zeigte. Vermutlich kam diese Form aus Liberia, sie dürfte aber derzeit nicht im Handel zu finden sein.

Ein afrikanisches Schmetterlingsbuntbarsch-Männchen aus Sierra Leone.

Die Verhaltens-
abfolge beim
Ablaichen von
Hemichromis
guttatus, ei-
nem typischen
Offenbrüter.
Beim kleineren
Weibchen ist
im oberen Bild
(rechts) deut-
lich die Genital-
papille erkenn-
bar.
Fotos:
H. J. Richter

Hemichromis guttatus
GÜNTHER, 1862
Roter Cichlide
Vorkommen: Sierra Leone bis Gabun.
Größe: Bis circa 12 cm.
Beschreibung: Etwa eiförmige Körperform. Au-
ßer dem Kiemendeckel-
fleck sind noch ein run-
der bis tropfenförmiger
schwarzer Fleck in der

Körpermitte und noch einer auf der
Schwanzwurzel zu sehen, die aber
stimmungsabhängig manchmal verschwinden können. Die Jungfischfär-
bung und auch die Grundfärbung noch
nicht geschlechtsreifer halbwüchsiger
Fische ist gelbbraun. In individuell
unterschiedlicher Anzahl sind kleine
blaue Glanzpunkte auf Körper und
Rücken-, Schwanz- und Afterflosse –
sogenannte Iridiophoren – zu finden.
Erwachsene Fische färben sich intensiv rot, wobei Männchen eher violett-
rot, Weibchen mehr ziegelrot gefärbt
sind. Weibchen bleiben um eine Spur
kleiner als Männchen, die Flossen sind
nicht ganz so stark entwickelt, auch
wirken Weibchen immer etwas rundli-
cher als Männchen.

Die Rotfärbung wird mit zunehmen-
der Laichbereitschaft oder bei brutpflegenden Fischen immer stärker. Die
blauen Glanzschuppen bleiben dabei
ebenfalls immer sichtbar, so daß die
Fische dann einen wirklich absolut
traumhaften Anblick bieten. Bei einigen
Populationen können im Rückenbereich einige kurze, dunkle und senkrechte Binden sichtbar werden.
Haltung: Sehr einfach, allerdings sollten
die Aquarien nicht zu klein sein. Auch

nen manchmal sehr umfangreich sein, bei einem erwachsenen Weibchen sind 400 bis 500 Eier durchaus möglich und auch nicht selten. Die nach etwa zwei bis drei Tagen schlüpfenden Larven werden in sehr kleine Gruben – am liebsten im Schutz von großen Pflanzen – gebettet. Nun zeigt sich auch, warum das Aquarium nicht zu klein sein soll. Es gibt kaum einen Buntbarsch, der seine Nachkommenschaft derart aufopfernd pflegt und verteidigt, wie es die Angehörigen der Gattung *Hemichromis* tun. Selbst um ein Vielfaches größere Fische werden laufend attackiert, um zu verhindern, daß sie dem Nachwuchs zu nahe kommen. Ist das Aquarium allerdings groß genug, bleibt es beim Vertreiben, Verluste werden nicht auftreten.

Nach etwa fünf Tagen schwimmen die Jungen frei. Sie zeigen – ebenfalls typisch für die Gattung – in den ersten Wochen ihres Lebens einen charakteristischen schwarzen Längsstreifen auf gelblichem Grund. Die Aufzucht kann mit jedem Futter, welches von der Größe her geeignet ist, vorgenommen werden. Beide Elternteile führen und verteidigen die Nachkommenschaft, die zunächst immer in sehr dichtem Schwarm bei den Eltern bleibt, sich später aber immer mehr auch entfernt. Der Pflegetrieb der Eltern erlischt spätestens dann, wenn sich die Jungen

Hemichromis guttatus beim Herauspicken der Larven aus den Eihüllen.
Foto: H. J. Richter

Hemichromis spec.
Foto: Schmidt

darf die Art nicht mit allzu kleinen Fischen zusammengesetzt werden, da sie besonders in der Brutpflege sehr dominant wird. Das Aquarium kann bepflanzt sein, hier sind kaum Schäden zu befürchten. Die Fische graben fast nicht, allenfalls bei der Brutpflege werden wenige und sehr kleine Gruben für die Larven gegraben. Ansonsten ist es ein sehr empfehlenswerter Anfängerfisch, der in Bezug auf Wasserwerte und Ernährung sehr robust und tolerant ist. Es wird hartes wie auch weiches Wasser gleichermaßen akzeptiert und gut vertragen. Als Ernährung wird jedes Futter akzeptiert, egal ob Kunst- Frost- oder Lebendfutter.

Zucht: *Hemichromis guttatus* ist, wie alle Arten dieser Gattung, ein paarbildender Offenbrüter. Die Gelege kön-

Porträt eines ausgewachsenen Roten Cichliden, Hemichromis spec. Foto: Schmidt

umfärben, also ihre Längsstreifen verlieren und die Erwachsenenfärbung annehmen, was nach etwas mehr als einem Monat der Fall sein wird.

Bemerkungen: Die meisten Arten der Roten Cichliden werden im Handel als *H. bimaculatus* oder *H. lifallili* angeboten – beides Arten, die nur sehr selten wirklich im Handel auftauchen. *Hemichromis bimaculatus* kommt in der Natur in einem relativ kleinen Gebiet von Sierra Leone bis Liberia vor, *H. lifallili* im Bereich der Republik Kongo (vormals Zaire) und wurde möglicherweise noch nie importiert oder zumindest noch nicht richtig erkannt. Ich möchte hier nochmals auch darauf hinweisen, daß die Anzahl, Dichte oder Größe von blauen Punkten am Körper individuell variiert, aber nichts über die Artzugehörigkeit aussagt (Fische mit vielen blauen Punkten werden im Handel gerne generell als *H. lifallili* bezeichnet).

Hemichromis stellifer LOISELLE, 1979
Roter Cichlide
Vorkommen: Gabun, Volksrepublik Kongo, Republik Kongo.
Größe: Bis circa 12 cm.
Beschreibung: Grundsätzlich eiförmige Gestalt, ältere Männchen können eine leichte Sattelnase bekommen. Die Weibchen bleiben etwas kleiner, ansonsten sind kaum Geschlechtsunterschiede festzustellen (siehe auch *H. guttatus*).
Die Grundfärbung ist ein mittleres Gelbbraun, die Kehl- und Bauchregion wird bei adulten Fischen rot gefärbt. Bei einigen Populationen kann die Kehle aber auch gelb gefärbt sein. Im Rückenbereich treten meist einige dunkle, senkrechte Binden auf. Mit blauen Punkten auf den Körperseiten, die aber individuell unterschiedlich in der Zahl auftreten können. Es gibt Fische mit nur ganz wenigen solchen Punkten wie auch solche, deren Körper geradezu damit übersät ist.
Haltung: Einfach, genau so wie bei *Hemichromis guttatus* angegeben akzeptiert auch *H. stellifer* alle Wasserwerte und ist sehr robust und ausdauernd.
Zucht: Ein paarbildender Offenbrüter wie alle Arten aus dieser Gattung. Nähere Angaben wie bei *H. guttatus*.

Ein Hemichromis stellifer-*Männchen in Brutpflegefärbung.*

Jungfische von Hemichromis stellifer *mit der charakteristischen Streifenzeichnung.*

Hemichromis stellifer-*Männchen in der Normalfärbung lassen zunächst nur wenig von ihrer späteren Schönheit ahnen.*

Höhlenbrütende Arten
Lamprologus congoensis
SCHILTHUIS, 1891
Kongo-Grundcichlide

Vorkommen: Republik Kongo.

Größe: ♂ bis 15 cm, ♀ bis 10 cm.

Beschreibung: Eine sehr schlanke, langgestreckte Art mit grauer Färbung; bei Männchen zeigen die Körperschuppen kleine, silbern glänzende Punkte. Bei Aggression können die Fische entweder dunkle Querbänder auf hellgrauem Grund zeigen oder ganz schwarz werden. Die Weibchen bleiben um circa ein Drittel kleiner als Männchen. Alte Tiere können manchmal einen kleinen Stirnbuckel ausbilden.

Haltung: Sehr einfach, allerdings lebhaft und gegenüber anderen Fischen oft streitsüchtig, sowohl gegenüber Mitbewohnern wie ganz besonders gegenüber Artgenossen. Es sollten daher nur große Aquarien für die Haltung (ab 150 l) gewählt werden. In der Umgebung der Laichhöhle kann auch etwas gegraben werden. Hartes Wasser wird problemlos vertragen. Die Art zählt zu den strömungsliebenden (rheophilen) Buntbarschen, die in der Natur bevorzugt in Stromschnellengebieten zu finden sind.

Bei der Pflege in Aquarium sollte vorrangig auf gute Wasserbewegung, Lüftung und Filterung geachtet werden.

Zucht: Einfach; Höhlenbrüter mit guter Paarbindung. Die Art ist auch in hartem Wasser gut zu züchten. Die Gelege können sehr umfangreich sein, Eizahlen von rund 200 sind keine Seltenheit. Bei der Brutpflege werden die Fische sehr ruppig und sie beanspruchen auch sehr große Reviere. Daher sollten entweder nur (wie schon erwähnt) große Aquarien oder Haltung im Artbecken gewählt werden. Ansonsten ist die Jungfischaufzucht sehr einfach und problemlos, die Jungen sind auch mit Kunstfutter gut großzuziehen.

Bemerkungen: Die Art wird immer wieder auch unter dem Namen *L. werneri* angeboten, eine weitere *Lamprologus*-Art aus dem Gebiet des Kongo-Flusses, die aber nur sehr selten tatsächlich im Handel zu sehen war.

Junges Männchen von Lamprologus congoensis aus dem Kongo-System

Imponierendes Lamprologus congoensis-Männchen mit vielen Glanzpunkten auf dem Körper.

Balzendes Lamprologus congoensis-Weibchen.

Balzendes Lamprologus congoensis-Paar, im Vordergrund das Weibchen.

Nanochromis dimidiatus-Männchen aus der Zentralafrikanischen Republik.

Ein laichreifes Nanochromis dimidiatus-Weibchen mit einem mit Eiern voll gefülltem Bauch.

Nanochromis dimidiatus (PELLEGRIN, 1900)

Vorkommen: Zentralafrikanische Republik, Volksrepublik Kongo, Republik Kongo.

Größe: ♂ bis 7 cm, ♀ bis 6 cm.

Beschreibung: Kleine gestreckte Art mit im Regelfall graubrauner Grundfärbung. Manchmal sind zwei dunkle Längsbänder am Körper sichtbar (bei unterlegenen oder nicht territorialen Fischen sowie bei brutpflegenden, dann aber wesentlich intensiver). Weibchen kleiner, mit breitem silbrig-weißem Band in der Rückenflosse und gelborangem Bauch. Männchen mit stärker entwickelter Beflossung. Manche Populationen sind am Körper stärker rot gefärbt und dadurch wesentlich attraktiver.

Haltung: Nicht besonders schwierig, da diese Art einerseits untereinander etwas verträglicher ist, als es sonst bei Arten der Gattung *Nanochromis* der Fall ist. Andererseits ist *N. dimidiatus* auch in mittelhartem Wasser gut zu halten. Damit ist diese Art auch unerfahrene-

ren Aquarianern durchaus zu empfehlen. Allerdings sind die Fische manchmal etwas scheu, viele Störungen im Aquarium müssen vermieden werden. Auch gegen Mitbewohner im Aquarium sind die Fische meist nicht sehr durchsetzungfähig; eine Vergesellschaftung ist also nur bedingt zu empfehen – allenfalls mit anderen, ruhigen und kleinbleibenden Arten. Leider kommt die Art nur selten in den Handel.

Zucht: Paarbildender Höhlenbrüter mit sehr intensiver, meistens lebenslanger Bindung eines Paars. Die Zucht ist nicht besonders schwierig. Hat sich ein Paar gefunden, dann wird bald abgelaicht, auch in mittelhartem Wasser entwickelt sich die Nachkommenschaft gut. Mir ist aufgefallen, daß bei dieser Art nicht immer übliche Höhlen für das Ablaichen aufgesucht werden, sondern daß die Fische lieber zwischen Lagen von Blättern – egal, ob totes Laub am Bodengrund oder dichte Schichten lebender

Ein Nanochromis dimidiatus-*Männchen vor der Bruthöhle, einer geviertelten Kokosnußschale.*
Mitte:
Nanochromis dimidiatus.
Unten:
Nanochromis sp.
2 Fotos: Richter

Blätter (z. B. von Nacktfarnen oder *Anubias*) – ihr Gelege absetzen.

Die Ei- und Larvenpflege wird fast ausschließlich vom Weibchen durchgeführt, manchmal will es sogar aktiv verhindern, daß sich das Männchen den Nachkommen in den ersten Tagen zu weit nähert. Schwimmen die Jungen aber frei, so kümmern sich beide Eltern gleich intensiv darum. Es werden meistens nur relativ wenig Eier – bis etwa 50 Stück – abgegeben,

Bemerkungen: Lange Zeit wurde eine sehr intensiv rot gefärbte Art, die um 1960 importiert worden ist, als *Nanochromis dimidiatus* betrachtet. Als aber 1991 aus der Zentralafrikanischen Republik von W. HARZ Fische im Bereich der Typuslokalität gesammelt wurden, die – soweit erste Untersuchungen ergaben – mit *N. dimidiatus* identisch waren, zeigte sich, daß die frühere Zuweisung falsch war. Die Art, die früher importiert wurde, ist offensichtlich noch nicht wissenschaftlich beschrieben.

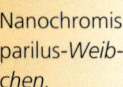

Nanochromis parilus ROBERTS & STEWART, 1976
Blauer Kongocichlide.

Vorkommen: Volksrepublik Kongo, Republik Kongo.

Größe: ♂ bis 10 cm, ♀ bis 8 cm.

Beschreibung: Sehr schlanke Art, beide Geschlechter mit brauner Grundfärbung in der oberen und türkisblauer Grundfärbung in der unteren Körperhälfte. Männchen etwas größer, laichreife Weibchen mit sehr dickem – bei Laichreife violett gefärbtem – Bauch und immer deutlich hervortretender Genitalpapille. Alte, dominante Männchen können manchmal einen kleinen Kopfbuckel ausbilden. Männchen besitzen auch wesentlich länger ausgezogene Flossenstrahlen in den Rücken-, After- und Schwanzflossen als Weibchen; manchmal zeigt auch die obere Hälfte der Schwanzflosse eine leichte Verlängerung.

Haltung: Einfach, allerdings untereinander ziemlich streitsüchtig. Es sollten daher nur relativ große Aquarien – ab etwa einem Meter Länge – verwendet werden, damit sich unterlegene Fische ausreichend zurückziehen können. Das Aquarienwasser sollte weich bis mittel-

hart sein, der pH-Wert etwa neutral. Auf gute Wasserqualität sollte aber geachtet werden. Ich habe festgestellt, daß *Nanochromis*-Arten in belastetem Wasser leicht zu Krankheiten tendieren, ein regelmäßiger Wasserwechsel und gute Filterung sind meiner Meinung nach als Grundbedingungen für die erfolgreiche Haltung anzusehen.

Zucht: Paarbildender Höhlenbrüter mit Elternfamilie. Es dauert oft sehr lange, bis sich ein Paar wirklich verträgt und miteinander ablaicht. Dann aber ist die Beziehung sehr intensiv. Angeblich soll

Eine weitere Männchenform von Nanochromis parilus *mit nur wenig gezeichneter Schwanzflosse.*

auch – allerdings selten – Haremsbildung vorkommen, wo also ein Männchen mit mehreren Weibchen laicht. Ich konnte dies bei von mir gepflegten Fischen aber noch nie beobachten.
Bei den Laichvorbereitungen graben die Eltern intensiv, so daß von Seiten des Pflegers etwas Toleranz diesbezüglich gefordert wird. Die Jungfische bilden mehrere Wochen einen dicht geschlossenen Schwarm, die Brutpflege der Eltern ist außergewöhnlich intensiv. Selbst wesentlich größere Mitbewohner des Aquariums werden erfolgreich von den Jungen ferngehalten.
Bemerkungen: Die Art wurde lange Zeit mit *Nanochromis nudiceps* verwechselt. *N. parilus* zeigt aber in der oberen Hälfte der Schwanzflosse immer eine waagrechte, gelb – schwarze Streifenzeichnung, die bei *N. nudiceps* nicht auftritt. Die untere Hälfte der Schwanzflosse kann bei manchen Männchen von *N. parilus* rote Punkte zeigen, bei anderen Männchen aber auch einfarbig violett (wie bei allen Weibchen) sein. Egal aber, wie die Eltern aussehen, in der Nachkommenschaft werden sich immer alle Färbungsvarianten mit allen erdenkli-

chen Zwischenstufen finden.
Als weitere ähnliche Art aus dem Kongo wurde vor kurzem *N. consortus* importiert, die noch schlankere Körperform zeigt; zusätzlich ist – besonders bei Weibchen – ein intensiv schwarzer Rand in der Anale auffallend. Aus der Natur kennt man auch noch eine weitere, ähnlich gefärbte Art aus dieser Gattung – *N. splendens* – die ebenfalls aus dem Einzugsgebiet des unteren Kongo stammt, die aber vermutlich noch nie lebend importiert worden ist.

Ein Nanochromis parilus-*Paar mit seinen Jungfischen.*

Oben:
Nanochromis transvestitus, *hier ein Männchen, gehören zu den kleinsten Zentral-afrikanischen Buntbarschen.*

Oben rechts:
Das ablaichbereite Nanochromis transvestitus-*Weibchen zeigt einen dunkelroten Bauch.*

Nanochromis transvestitus
ROBERTS & STEWART, 1984

Vorkommen: Republik Kongo.
Größe: ♂ bis 7 cm, ♀ bis 6 cm.
Beschreibung: Kleine, schlanke Art. Beide Geschlechter mit einem Muster aus schwarz-weißen senkrechten Bändern am Körper und in der Rückenflosse, das sich bei Weibchen bis in die Schwanz- und Afterflosse fortsetzt, was bei Männchen fast nie oder nur ganz schwach zu sehen ist. Laichreife Weibchen zusätzlich mit intensiv rot gefärbtem, dickem Bauch. Weibchen kleiner als Männchen. Männchen mit länger ausgezogenen Rücken-, After- und Brustflossen.
Haltung: Wie bei den meisten *Nanochromis*-Arten ist auch hier eine ziemlich hohe innerartliche Aggressivität festzustellen, so daß die Aquarien nicht zu klein, mit vielen Versteckmöglichkeiten, sein sollen. Aus der Natur sind im Verbreitungsgebiet der Art (dem Lac Mai Ndombe in der Republik Kongo) extreme Wasserwerte – sehr weich und sehr sauer, bei einem pH-Wert von etwa 4,5 – beschrieben worden. Sollen sich die Fische wohl fühlen, so sind auch im Aquarium ähnliche Werte herzustellen. Die Art ist gegenüber unzureichenden Wasserbedingungen ziemlich intolerant sowie dann krankheitsanfällig und daher wohl nur dem fortgeschrittenen Pfleger wirklich zu empfehlen.
Zucht: Schwierig, da dieser paarbildende Höhlenbrüter sehr weiches Wasser mit niedrigem pH-Wert für die erfolgreiche Ei- und Larvenentwicklung benötigt (1 bis 2 GH, pH-Wert ca. 5,0 bis 6,0). Auch dürfte eine Anfälligkeit des Geleges und der Larven gegenüber zu altem Wasser bestehen. Zusätzlich geraten die Eltern nach meiner Erfahrung nur dann in Laichstimmung, wenn sie vorher eine Zeitlang mit gutem Lebendfutter gefüttert worden sind, wie z. B. Weißen Mückenlarven oder *Cyclops*. Mit Kunstfutter konnte ich bisher keine Erfolge erzielen. Sonst ist die Zucht aber gleich wie bei den anderen *Nanochromis*–Arten.

Ein balzendes Parananochromis caudifasciatus-Weibchen.

Parananochromis caudifasciatus (BOULENGER, 1913)

Vorkommen: Kamerun, Rio Muni.
Größe: ♂ bis 10 cm, ♀ bis 9 cm.
Beschreibung: Eine relativ unscheinbare, grau gefärbte Art mit nur mäßigen Geschlechtsunterschieden. Weibchen sind etwas kleiner, sie zeigen kurz vor dem Ablaichen einen rosa-violett gefärbten Bauch und ein rosa glänzendes Band in der Rückenflosse. Die unpaaren Flossen zeigen – bei Männchen etwas stärker als bei Weibchen – eine Tüpfelzeichnung, auch sind diese Flossen bei den Männchen ein wenig stärker entwickelt. Manchmal können die Basis der Anale sowie die Brustflossen eine rote bis violette Färbung zeigen. Im Bereich der Kiemendeckel und der Wangen ist eine leicht gelbliche Färbung zu sehen.

Stimmungsabhängig können auch zwei schwarze Längsstreifen auftreten, einer unmittelbar unter der Rückenflosse,

der zweite in der Körpermitte ab dem Hinterrand des Auges bis zur Schwanzwurzel. Manchmal – besonders bei der Balz – sind auch mehrere dunkle, verwaschene Querbinden am Körper zu sehen.

Haltung: Die Art kann zwar in hartem Wasser durchaus erfolgreich gepflegt werden, fühlt sich in weicherem Wasser jedoch absolut wohler und ist dort auch langlebiger und robuster. Gegen Fische aus anderen Arten durchaus gutmütig, allerdings untereinander sehr streitsüchtig. Die Fische graben sehr wenig – allenfalls an der Laichhöhle – und können daher auch in gut bepflanzten Aquarien gehalten werden. Es empfiehlt sich auch, die Art bei nicht zu hohen Wassertemperaturen zu halten, etwa 22° bis 24°C sehe ich als optimal an; diese Werte entsprechen auch jenen im Freiland.

Zucht: Paarbildender Höhlenbrüter. Im Gegensatz zur Haltung sehr schwierig,

53

Parananochromis caudifasciatus-Männchen sind eher unscheinbare Fische.

Ein Parananochromis caudifasciatus-Weibchen bei der Pflege des Geleges.

Das Parananochromis caudifasciatus-Weibchen mit seinen Jungen.

weil dafür sehr weiches Wasser notwendig ist. Außerdem ist die innerartliche Aggressivität groß, so daß es nicht einfach ist, ein harmonierendes Paar zusammen zu stellen. Auch bei Eltern, die schon mehrmals miteinander Nachkommen hatten, kommt es immer wieder zu heftigen Streitereien. Ich verwende daher nur größere Aquarien, in denen ich eine große Anzahl von Versteck- und Rückzugsmöglichkeiten für den unterlegenen Fisch bereitstelle. Ansonsten ist die Zucht so, wie auch bei Arten der Gattung *Nanochromis* und *Pelvicachromis* angegeben.

Bemerkungen: Bei den Zuchten kommt es leider sehr oft vor, daß nur (oder fast nur) Männchen auftreten. Die Ursache dafür ist noch nicht bekannt. Möglicherweise spielen hier die Temperatur oder der pH-Wert eine entscheidende Rolle, wie es auch von manchen Südamerikanischen Zwergcichliden bekannt ist. Ausführliche Untersuchungen zu diesem Thema bei *P. caudifasciatus* existieren aber nicht.

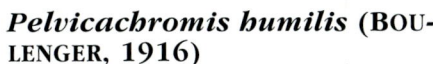

Junges Männchen von Pelvicachromis humilis *der Form „Kasewe".*

Pelvicachromis humilis (BOU-LENGER, 1916)

Vorkommen: Guinea, Sierra Leone, Liberia.
Größe: ♂ bis 12 cm, ♀ bis 9 cm.
Beschreibung: Langgestreckt und ziemlich spitzköpfig. Die größte *Pelvicachromis*-Art, bei erwachsenen Fischen mit deutlichen Geschlechtsunterschieden. Die Weibchen sind blasser gefärbt, mit rosafarbener Bauchregion, davor meist blau glänzende Farbzonen. Männchen mit wesentlich größer entwickelter Beflossung. Die Rücken-, After- und Schwanzflossen der Weibchen sind immer ohne Zeichnung, bei den Männchen sind rote Striche oder Punkte in diesen Flossen zu sehen. Stimmungsabhängig kann entweder flächige Färbung auftreten, aber auch zwei dunkle Längsstreifen oder mehrere dunkle senkrechte Bänder. Die obere Hälfte der Schwanzflosse besitzt – besonders bei den Männchen – verlängerte Flossenstrahlen.
Es sind auch einige unterschiedliche Farbformen bekannt, von denen aber derzeit nur wenige in der Aquaristik vertreten sind.

Haltung: Nicht einfach. Im Vergleich zu anderen *Pelvicachromis*-Arten gräbt diese Art sehr stark und wird schon aus diesem Grund nicht bei allen Aquarianern beliebt sein. Auf Dauer können sich im Auqarium nur kräftig verwurzelte Pflanzen behaupten. Außerdem verlangt diese Art weiches Wasser und ist zusätzlich auch im Futter oft wählerisch. Zusätzlich sind die Fische auch untereinander sehr zänkisch, so daß das Aquarium nicht zu klein sein darf. Das Aquarium muß wenigstens einen Meter lang sein, bei entsprechender Tiefe; für viele Verstecke und Sichtschutz für unterlegene Fische ist zu sorgen.

Das gleiche Männchen einige Monate älter in der Balzfärbung.

55

Balzendes Paar von Pelvica-chromis *spec.* von „Bandi II", vorne das Männchen. Foto: Stefan Inselmann

Pelvicachromis humilis-*Weibchen* von „Kasewe".

Zucht: Paarbildender Höhlenbrüter, sehr schwierig. Es ist zunächst aufgrund der hohen innerartlichen Aggressivität nicht einfach, ein harmonierendes Paar zusammen zu stellen. Sind für die unterlegenen Fische nicht genügend Rückzugs- und Versteckmöglichkeiten vorhanden, so kann es leicht zur Tötung durch den dominanten Fisch kommen. Auch die Laichbereitschaft der Weibchen wird nicht einfach erlangt und ist vor allem von hochwertigem Futter (z. B. Weiße Mückenlarven) abhängig. Das Wasser muß weich sein, mit nicht über 5 °dGH und einen leicht saurem bis neutralen pH-Wert aufweisen. Abgesehen von diesen Problemen verläuft die Fortpflanzung aber so wie bei den anderen Arten der Gattung *Pelvicachromis*. Aufgrund der Größe der Fische sind Gelege mit mehr als 120 Eiern nicht selten.

Bemerkungen: Aus Guinea kommen manchmal auch Fische zu uns, die den Formen von *Pelvicachromis humilis* sehr ähnlich sehen, aber offenkundig eine – vielleicht sogar zwei – eigenständige Arten darstellen: *P.* spec. „Bandi I" und *P.* spec. „Bandi II" (s. a. Abb. S. 4). Unterschiede sind vor allem schwarze Punkte auf der Basis der Schwanzwurzel und in der Rückenflosse, bei *P.* spec. "Bandi II" besitzt die Schwanzflosse auch keine verlängerten Flossenstrahlen in der oberen Hälfte.

Ein Männchen einer noch unbeschriebe-nen Pelvica-chromis-*Art aus Guinea,* Pelvi-cachromis *spec. „Bandi I".*

Männchen von Pelvicachromis pulcher, *rot-blaue Form.*

Die Weibchen von Pelvicachromis pulcher *sind gänzlich anders als die Männchen gefärbt.*

Pelvicachromis pulcher (BOU-LENGER, 1901)
Purpurprachtbarsch
Vorkommen: Nigeria und Kamerun.
Größe: ♂ bis 10 cm, ♀ bis 8 cm.
Beschreibung: Eine relativ schlanke, gestreckte Art. Stimmungsabhängig können zwei dunkle Längsstreifen sichtbar sein. Die untere Körperhälfte kann, abhängig vom Fundort der Fische, besonders bei Männchen unterschiedlich gefärbt sein. Weibchen sind eher einheitlich aussehend.

Bei den Männchen kann die Kehlregion sowie Brust und Bauch gelb, blau oder rot – teilweise auch in diesen Farben gemischt – gefärbt sein. In der Rückenflosse ist an der Basis ein dunkles Längsband zu sehen, darüber ein heller gefärbtes; den Abschluß bildet wieder ein dunkles Band. Die Oberkante der Schwanzflosse zeigt im Regelfall eine ähnliche Färbung. Bei Männchen ist die obere Häfte der Schwanzflosse manchmal lappenartig verlängert. Die Brustflossen sind im hinteren weichstrahligen Teil rot, im vorderen rot-blau gefärbt.

Weibchen zeigen immer eine mehr oder weniger rot gefärbte Bauchregion, welche besonders bei Laichreife intensiv hervortritt. Der Kopf und die Kiemendeckel sind – mit Ausnahme der dunklen Längsbänder – gelb gefärbt. Die Rückenflosse ist zwischen den beiden dunklen Längsbändern an der Oberkante und an der Basis intensiv gelb. Bei der Balz wird der Körper hinter dem rotem Bauch dunkel bis schwarz.

Bei beiden Geschlechtern können in der Rücken- und Schwanzflosse unterschiedliche Anzahlen schwarzer Flecken sichtbar sein, die zwar keine Rückschlüs-

Ein Pelvicachromis pulcher-*Männchen der gelben Form.*

se auf die Herkunft der Fische in der Natur zulassen, durch züchterische Selektion aber verstärkt werden können. Die Geschlechter sind aufgrund der Farb- und Größenunterschiede leicht zu unterscheiden. Zusätzlich sind Rücken-, After- und Brustflossen bei den Männchen wesentlich größer als bei den Weibchen, mit lang ausgezogenen Flossenstrahlen.

Haltung: Einfach und im Normalfall sehr verträglich gegenüber Mitbewohnern. Das Aquarium muß mit vielen Versteckmöglichkeiten, vor allem Höhlen, ausgestattet sein. Als Bodengrund ist am besten feiner Sand zu wählen, eine Bepflanzung des Aquariums ist möglich, im Sinne von Versteckmöglichkeiten sogar wünschenswert. Die Art gräbt fast nicht, so daß auch feine und zarte Pflanzen weitgehend unbehelligt bleiben. Für die Haltung werden alle Wasserwerte toleriert, auch in der Ernährung ist *Pelvicachromis pulcher* einfach, sowohl Trockenfutter wie auch gefrorene oder lebende Krebstiere oder Insektenlarven werden gerne angenommen, auch wenn Lebendfutter sicherlich der Vorzug zu geben ist. Vorsicht ist jedoch bei Wurm-

futter – besonders *Tubifex* – geboten.

Zucht: Diese ist abhängig von der Herkunft der Fische. Im Normalfall sind Aquarienstämme, aber auch die Mehrzahl der Importe, absolut problemlos. Ich hatte jedoch auch schon Importe (allerdings ohne Nennung der exakten Fundorte) sowie von mir selbst aufgesammelte Exemplare der Population „N-donga" aus Kamerun, die sehr schwierig und anspruchsvoll in Bezug auf Wasserwerte gewesen sind aber auch aufgrund des Umstandes, daß sie nur schwer zum Laichen zu bringen waren. Meistens ist die Zucht aber in jedem Typ

von Leitungswasser möglich, egal ob weich oder hart. Einige Populationen (siehe oben) benötigen jedoch weiches und saures Wasser, was eigentlich ja auch den Werten ihres natürlichen Verbreitungsgebietes entsprechen würde.

Grundsätzlich ist *P. pulcher* ein höhlenbrütender, paarbildender Zwergcichlide. Die Balz geht normalerweise vom Weibchen aus, das sich dem Männchen unter heftigem Körperrütteln, mit aufgestellter Rückenflosse und angelegten Bauchflossen nähert. Dabei wird der Körper U-förmig gekrümmt, so daß der dunkelrot gefärbte Bauch dem Männchen zugedreht wird. Vorteilhaft ist es auch, wenn die Höhle, in der gelaicht werden soll, teilweise mit feinem Sand gefüllt ist, den die Fische dann heraus baggern – diese gemeinsamen Handlungen haben durchaus Wichtigkeit und tragen zur Stabilisierung der Paarbindung bei. Die Eier und auch die Larven werden überwiegend vom Weibchen betreut, welches nach dem Ablaichen meistens seine intensive Bauchfärbung total verliert und dafür das mittlere dunkle Längsband sehr deutlich zeigt. Es verläßt nun kaum die Höhle, allenfalls für eine kurze Nahrungsaufnahme. Das Männchen besorgt in dieser Zeit vorwiegend die Verteidigung des Reviers gegen andere Fische.

Ist *P. pulcher* sonst sehr verträglich, so kann er während der Fortpflanzung sehr energisch werden und scheut auch vor Attacken auf wesentlich größere Fische nicht zurück. Sechs bis sieben Tage nach dem Durchbrechen der Eihüllen – in Abhängigkeit von der Wassertemperatur – schwimmen die Jungfische frei und werden nun von beiden Eltern sehr aufopfernd und intensiv betreut. Sie werden vor Feinden beschützt, zum Futter oder an sichere Stellen im Aquarium geführt. In den ersten Tagen ihres Lebens tragen kleine *Pelvicachromis* ein Muster aus kleinen, unregelmäßigen hellen und dunklen Flecken, die ab einer Größe von 15 bis 20 mm verschwinden und in die Erwachsenenfärbung übergehen.

Bemerkungen: Es wird selten, aber regelmäßig eine sehr ähnliche Art importiert, die meist als *Pelvicachromis* spec. aff. *pulcher* bezeichnet wird, die aber richtig als *P. sacrimontis* PAULO, 1977 bezeichnet werden muß (auch wenn diese Erstbeschreibung viele Mängel aufweist und von PAULO nicht beabsichtigt war, ist sie als gültig anzusehen).

Pelvicachromis sacrimontis kommt in zwei Farbformen vor, einer roten und einer blau-gelben. Die Art unterscheidet sich von *P. pulcher* vor allem durch eine deutliche Rundköpfigkeit, durch eine intensiv blaue Zeichnung auf den Kiemendeckeln und Wangen. Weiters ist das helle Klängsband in der oberen Körperhälfte meist wesentlich schmäler als bei *P. pulcher*. Weibchen von *P. sacrimontis* besitzen auch keine Rückenflossenfärbung wie die von *P. pulcher*, sondern die Rückenflosse ist (stimmungsabhängig) einfarbig dunkelgelb bis rauchig schwarz. *P. sacrimontis* ist grundsätzlich gleich zu pflegen wie *P. pulcher*, allerdings in der Zucht etwas anspruchsvoller, was weiches und saures Wasser betrifft.

Balzendes Pelvicachromis roloffi-Paar; das Weibchen im Hintergrund zeigt sein schönstes Farbkleid.

Pelvicachromis roloffi (THYS VAN DEN AUDENAERDE, 1968)
Roloffs Prachtbarsch

Vorkommen: Guinea, Sierra Leone.

Größe: ♂ bis 8 cm, ♀ bis 6 cm.

Beschreibung: Braun-beige gefärbt, mäßig gestreckt und etwas rundköpfig wirkend. Deutliche Geschlechtsunterschiede, wie bei allen *Pelvicachromis*. Bauchregion bei laichreifen Weibchen intensiv rosa-violett gefärbt. Männchen mit wesentlich kräftiger entwickelten unpaaren Flossen. Individuell unterschiedlich (auch innerhalb einer Brut) können manchmal schwarze Punkte in Rücken- und Schwanzflosse auftreten.

Haltung: Mittelschwer, ähnlich wie bei *Pelvicachromis subocellatus* angegeben. Sehr verträglich gegenüber Mitbewohnern, auch untereinander halten sich die Aggressionen in Grenzen.

Zucht: Paarbildender Höhlenbrüter; mit-

telschwere *Pelvicachromis*-Art wie etwa *P. subocellatus*. Das Wasser muß wenigstens mittelhart bei etwa neutralem pH-Wert sein, bessere Resultate lassen sich aber in weichen Wasser (bis maximal 5 °dGH) erzielen. Die Paarbindung der Eltern ist sehr gut, die Zucht meist unproblematisch.

Ein Pelvicachromis roloffi-Männchen aus Sierra Leone.

Pelvicachromis subocellatus (GÜNTHER, 1871)
Augenfleck-Prachtbarsch

Vorkommen: Gabun, Volksrepublik Kongo
Größe: ♂ bis 8 cm, ♀ bis 6 cm
Beschreibung: Schlanke, aber rundköpfig wirkende Art. Gelb-braune Grundfärbung, wobei die Kopfregion, besonders bei Weibchen, gelblich gefärbt ist. Deutliche Geschlechtsunterschiede, wie bei allen *Pelvicachromis*-Arten typisch. Weibchen mit kleineren Flossen, in der Balz mit besonders intensiv rot oder violett gefärbtem Bauch und auch silberfarbenen Zonen um diese Rotfärbung herum. Männchen mit Tüpfelzeichnungen in den unpaaren Flossen, die bei Weibchen nicht vorkommen. Selten kommen bei einzelnen Fischen (in beiden Geschlechtern) schwarze Flecken oder Punkte in Rücken- oder Schwanzflossen vor.

Haltung: Mittelschwer; ähnlich wie bei *Pelvicachromis pulcher*. Die Art kann gut in mittelhartem Wasser gepflegt werden. Sie ist sehr friedlich und auch gut für das Gesellschaftsaquarium geeignet. Zusätzlich sind die Fische auch – im Vergleich zu den meisten anderen Arten aus der Gattung *Pelvicachromis* – sehr robust und verzeihen durchaus auch leichte Haltungsfehler. Meiner Meinung nach eine empfehlenswerte Art für den Einstieg in die Haltung Westafrikanischer Zwergbuntbarsche.

Zucht: Paarbildender Höhlenbrüter wie bei *P. pulcher* oder *P. taeniatus* angegeben. Bereits bei mittelhartem Wasser (etwa 5 ° bis 10 °dGH) können gute Zuchterfolge erzielt werden.

Bemerkungen: Aus Nigeria kommt gelegentlich eine sehr ähnliche, aber noch nicht gültig beschriebene Art zu uns, die als *Pelvicachromis* spec. aff. *subocellatus* bezeichnet wird und etwas hochrükkiger ist als *P. subocellatus*. Sonst ist diese unbeschriebene Art aber in den Ansprüchen gleich wie *P. subocellatus*.

Pelvicachromis
taeniatus-*Weib-
chen der Form
von „Kienke".
Das dazugehö-
rige Männchen
ist auf der fol-
genden Seite
oben abgebil-
det.*

Pelvicachromis taeniatus
(BOULENGER, 1901)
**Smaragdprachtbarsch,
Kamerunprachtbarsch**
Vorkommen: Nigeria und Kamerun.
Größe: ♂ bis 8 cm, ♀ bis 6 cm.
Beschreibung: Bräunliche Grundfärbung, am Bauch heller. Stimmungsabhängig können auch zwei schwarze Längsstrei-fen sichtbar sein. Deutliche Geschlechts-unterschiede, die Männchen werden größer mit wesentlich stärker ent-wickelter Beflossung. Männchen besit-zen auch eine gänzlich andere Grund-färbung als die Weibchen: Der Körper ist braun bis grünbraun, die Afterflos-se violett gefärbt, in der Schwanzflosse sind immer (manchmal nur in der unte-

Pelvicachromis
taeniatus-
*Männchen aus
Nigeria.*

Oben:
Pelvicachromis
taeniatus-
Männchen der
„Kienke"-Form.

Rechts:
Brutpflegendes
Weibchen von
Pelvicachromis
taeniatus *aus*
Nigeria.

ren Hälfte, manchmal aber in der ganzen) senkrechte Reihen roter Tüpfel zu sehen. Der obere Teil der Schwanzflosse kann rot, weiß oder schwarz eingerahmt sein, mit oder ohne schwarze Punkte, dies alles in verschiedenen Kombinationen.

Je nach Fundort werden verschiedene Farbvarianten unterschieden, die sich hauptsächlich bei den Männchen in der Zeichnung der Schwanz- und Afterflossen unterscheiden. Weibchen zeigen weniger Unterschiede zwischen den Fundorten. Sie besitzen immer eine gelbe Färbung im Bereich der Wangen und Kiemendeckel, der Bauch ist rot bis violett gefärbt, die Schwanzwurzel gelblich. In Rücken- und Schwanzflossen können schwarze Punkte auftreten, der Rest dieser Flossen ist gelblich gefärbt, wobei besonders in der Rückenflosse diese Färbung stark auffällt. Weibchen aus Nigeria zeigen in der unteren Hälfte der Schwanzflosse eine waagrechte, dunkle Streifenzeichnung.

Haltung: Einfach bis schwer – je nach Herkunft. Die in der Haltung einfacheren Populationen sind nach meinen Erfahrungen die aus Nigeria sowie die Form „Moliwe" aus Kamerun. Alle diese Formen können in mittelhartem Wasser gut gepflegt und gezüchtet werden. Die restlichen, alle aus Kamerun stammenden Formen (z. B. Dehane, Kienke, Lobe, Lokundje oder Wouri) benötigen weiches Wasser und sind zum Teil auch sehr empfindlich gegenüber bakteriellen Belastungen des Aquarien-

Männchen von Pelvicachromis taeniatus *der Form „Nigeria Grün".*

wassers. Die Aquarien können gut bepflanzt werden und sollen viele Versteckmöglichkeiten für die manchmal etwas scheuen Fische besitzen.

Bei der Fütterung können die Fische zwar auch an Kunstfutter gewöhnt werden – ich habe gerade bei dieser Art ausgezeichnete Erfahrungen mit spirulina-haltigen Futtertabletten gemacht – es muß jedoch auf jeden Fall auch gutes, gehaltvolles Lebendfutter, wie *Cyclops*, *Artemia*, Schwarze und Weiße Mückenlarven, gefüttert werden. Vorsicht allerdings bei Überfütterung, nur zu leicht treten Darmerkrankungen auf. Ansonsten ist *P. taeniatus* ähnlich wie *P. pulcher* zu pflegen.

Zucht: Paarbildender Höhlenbrüter, so wie bei *P. pulcher* beschrieben. Allerdings zeigt diese Art immer etwas höhe-

re Ansprüche an das Wasser. Es sollte mindestens mittelhart, besser aber weich sein, mit neutralem bis leicht saurem pH-Wert. Nigeria-Fische sind etwas einfacher als solche aus Kamerun (Ausnahme solche aus der Region Moliwe), die Formen „Wouri" sowie alle anderen weiter südlich in Kamerun vorkommenden (z. B. „Kienke" und „Lobe") sind als eher heikel anzusehen und sollten nur von fortgeschrittenen Pflegern gepflegt werden.

Bemerkungen: Es werden mittelweile wohl gut 15 bis 20 verschiedene Farbformen von *Pelvicachromis taeniatus* in Umlauf sein. Möglicherweise sind aber nicht alle diese Varianten auch tatsächlich von Naturstandorten stammend, sondern auch das Produkt von züchterischen Kreuzungen.

Steatocranus casuarius POLL, 1939
Buckelkopfcichlide
Vorkommen: Volksrepublik Kongo, Republik Kongo.
Größe: ♂ bis 15 cm, ♀ bis 12 cm.
Beschreibung: Ein sehr „charaktervoller" Stromschnellencichlide mit grauer bis schwarzer Färbung, der vor allem durch seine eindrucksvolle Physiognomie – vor allem bei Männchen – besticht. Diese werden größer als Weibchen und zeigen im Alter teilweise riesige Kopfbuckel und auch eine prägnante Kinnpartie. Männchen besitzen auch stärker entwickelte Flossen. Allerdings können auch alte Weibchen ziemlich lang ausgezogene Rücken- und Afterflossen besitzen.
Haltung: Einfach, auch in hartem Wasser gut möglich. Die Art ist auch gegen-

über kleineren Mitbewohnern nicht sonderlich streitsüchtig. Es sollten aber sehr viele Höhlen und sonstige Aufbauten aus Steinen angeboten werden. Die Fische lieben es – als typische Stromschnellenbewohner, die eine reduzierte Schwimmblase besitzen – einerseits zwischen den Steinen herumzuhuschen oder im Schutz der Aufbauten ruhig auf den Steinen oder auf dem Boden zu liegen. Eine kräftige Filterung und sehr gute Wasserqualität sollen wie bei allen anderen reophilen Buntbarschen von besonderer Wichtigkeit sein.
Zucht: Einfach, wenn sich ein harmonierendes Paare gefunden hat und bei allen Wasserwerten möglich. Paarbildender Höhlenbrüter, bei dem auch einige Bruten hintereinander im glei-

Ein Steatocranus casuarius-*Männchen mit imposantem Stirnbuckel.*

Porträt eines adulten Steatocranus casuarius-*Männchens, welches mit seinem weit vorgewölbten Stirnbuckel leicht von Weibchen unterschieden werden kann.*
Foto:
H. J. Richter

Oben:
Ein Steatocranus casuarius-*Männchen in der Schreckfärbung.*
Foto:
H. J. Richter

Mitte:
Ein Steatocranus casuarius-*Männchen beobachtet die Umgebung vom Schutz seiner Höhle aus.*

Unten:
Halbwüchsiges Steatocranus casuarius-*Männchen.*

chen Aquarium möglich sind, ohne daß Junge einer vorherigen Brut entfernt werden müssen. Die Jungen sind beim Freischwimmen schon ziemlich groß. Sie halten sich während der ersten Wochen immer unmittelbar bei der Bruthöhle auf, erst im Alter von etwa einem Monat beginnen sie, das Aquarium ausgiebig zu durchstreifen und eigene Höhlen zu besetzen.
Bemerkungen: Ab und zu werden gemeinsam mit *Steatocranus casuarius*

auch andere Arten der Gattung zufällig mitimportiert, welche das gleiche Verbreitungsgebiet und auch weitestgehend ähnliche Bedürfnisse im Aquarium besitzen. Meistens sind dies der Löwenkopfcichlide *S. tinanti*, der noch wesentlich schlanker als *S. casuarius* ist sowie *S. gibbiceps*, eine Art, die *S. casuarius* sehr ähnlich ist, aber durch die Schuppenzeichnung unterschieden werden kann: *S. casuarius* besitzt dunkle Schuppen mit hellem Rand, *S. gibbiceps* helle Schuppen mit dunklem Rand.

ist gelegentlich im Handel zu finden, die sich von *S. ubangiuensis* vor allem durch die rot gefärbten Augen unterscheidet (daher auch der deutsche Trivialname „Rotaugen-Steatocranus").

Steatocranus ubangiuensis
ROBERTS & STEWART, 1976
Zwerg-Steatocranus

Vorkommen: Republik Kongo.

Größe: ♂ bis 8 cm, ♀ bis 7 cm.

Beschreibung: Eine der kleinsten bekannten *Steatocranus*-Arten. Graubraune Grundfarbe, die Geschlechter unterscheiden sich kaum. Männchen werden geringfügig größer und besitzen eine etwas wuchtigere Kopfpartie.

Haltung: Einfach, wie bei *S. casuarius* angegeben und auch in hartem Wasser gut möglich. Aufgrund der geringen Größe auch schon in kleinen Aquarien mit 70 oder 80 Litern Inhalt möglich.

Zucht: Nicht leicht und nur selten gelungen. Die Fische sind vor allem nur sehr schwierig zum Ablaichen zu bringen. Die Gründe dafür sind nicht bekannt. Paarbildender Höhlenbrüter, bei dem sich das Männchen sehr intensiv an der Brutpflege beteiligt.

Bemerkungen: Eine weitere, ähnliche und kleinbleibende *Steatocranus*-Art

Oben:
Steatocranus ubangiuensis-Männchen.

Mitte:
Steatocranus ubangiuensis *ist die wahrscheinlich kleinste Art rheophiler Cichliden aus dem Kongo.*

Unten:
Steatocranus casuarius-Weibchen bekommen nur kleine Stirnbuckel.

Teleogramma brichardi POLL, 1959
Quappenbuntbarsch

Vorkommen: Republik Kongo und Volksrepublik Kongo.

Größe: Bis circa 12 cm, Weibchen geringfügig kleiner.

Beschreibung: Eine extrem schlanke Fischart mit dunkelgrauer Grundfärbung; manchmal sind auch dunkle senkrechte Bänder am Körper zu sehen. Bei Erregung, Aggression oder in der Balz werden die Fische kohlrabenschwarz, wobei ein weißer Saum in der Rücken- und Schwanzflosse – der bei Weibchen breiter ist als bei Männchen – besonders deutlich hervorsticht. Laichreife Weibchen zeigen zusätzlich einen intensiv roten Bauch. Die Art besitzt, wie viele rheophile Buntbarsche, eine reduzierte Schwimmblase und ruht am liebsten ruhig am Boden oder huscht zwischen den einzelnen Höhlen herum.

Haltung: Nicht immer einfach, da die Fische manchmal vor allem untereinander sehr streitsüchtig sind. Andere Fische werden aber normalerweise weniger behelligt, sollten aber nicht so klein sein, daß sie als Beute betrachtet werden könnten. Viele Steinaufbauten und Höhlen sowie Steinspalten im Aquarium anbieten, auch muß für sehr gute Filterung, Luftversorgung und Wasserbewegung gesorgt werden. In der Ernährung können vor allem lebende Kleinkrebse oder Mückenlarven geboten werden. Ich konnte meine Fische aus dieser Gattung nur selten an Kunstfutter gewöhnen, das – wenn überhaupt – nur sehr widerwillig und nur bei offensichtlich großem Hunger akzeptiert wurde.

Zucht: Schwierig, gelingt nur bei zusagenden Haltungsbedingungen. Es ist schwierig, ein harmonierendes Paar zusammenzustellen (vor allem in kleineren Aquarien). Werden die Weibchen vom Männchen zu sehr getrieben und gejagt, so erhalten sie nur schwer einen Laichansatz und somit die Laichreife – sie werden aber vorher vom Männchen im Revier nicht akzeptiert. Des Weiteren darf das Wasser nicht zu hart sein, etwa 10 °dGH sollten nicht überschritten werden. Besser ist allerdings weiches Wasser mit leicht saurem bis neutralem pH-Wert. Die Art ist höhlenbrütend, die Paarbindung aber nur sehr locker. Die Brutbetreuung wird ausschließlich durch das Weibchen durchgeführt, die Jungfische werden vom Männchen aber nicht behelligt und im Revier auch noch längere Zeit nach dem ersten Freischwimmen geduldet. Für die Aufzucht der Jungen ist es meiner Meinung und meiner Erfahrungen nach absolut notwendig, Lebendfutter anzubieten.

Thysochromis ansorgii (BOULENGER, 1901)
Ansorges Prachtbarsch

Vorkommen: Ghana, Togo, Benin, Nigeria.

Größe: ♂ bis 15 cm, ♀ bis 10 cm.

Beschreibung: Eiförmige Körpergestalt mit grauer Grundfärbung. Mehrere große, schwarze Punkte in einer Reihe an den Körperseiten. Männchen mit dunkler Umrahmung der Körperschuppen und wesentlich größeren Flossen als Weibchen. Laichreife Weibchen mit rötlicher Bauchfärbung und kleinem silbrigem Fleck vor der Genitalöffnung. Weibchen haben auch keine Punkte in den unpaaren Flossen, wie sie bei Männchen zu sehen sind.

Haltung: Einfach; wenn auch etwas größer werdend, ist *Thysochromis ansorgii* doch ein sehr ruhiger und verträglicher Fisch, der im bepflanzten Aquarium und auch mit kleineren Arten verge-

sellschaftet werden kann. Die Pflege ist in hartem Wasser gut möglich, auch bei der Ernährung ist die Art problemlos.

Zucht: Paarbildender Höhlenbrüter mit Elternfamilie, der nicht leicht zum Ablaichen zu bringen ist. Voraussetzungen sind ein gutes harmonieren des Paares, gute Fütterung sowie wenig Störungen im Aquarium, auch während des Brutgeschäftes. Für die Zucht sollte auch mittelhartes bis weiches Wasser verwendet werden. Im Gegensatz zu den meisten anderen Höhlenbrütern bevorzugt *T. ansorgii* Höhlen mit großem, weitem Eingang, das Gelege und die Larven werden auch häufig vom Männchen gepflegt. Nach dem Freischwimmen ist die Art ähnlich wie Vertreter der nahe verwandten Gattungen *Nanochromis* oder *Pelvicachromis* zu behandeln.

Chromidotilapia batesii-*Männchen aus Kamerun, Lobe-Gebiet.*

Chromidotilapia batesii (BOULENGER, 1901)

Vorkommen: Kamerun, Rio Muni, Fernando Poo.

Größe: Bis circa 12 cm.

Beschreibung: Eiförmige Gestalt mit brauner Körperfärbung und mehreren dunklen Querbändern. Männchen mit Tüpfeln in den unpaaren Flossen, Weibchen mit chromfarbig glänzendem Band in der Rückenflosse. Ansonsten sind beide Geschlechter sehr ähnlich, so wie auch bei *Chromidotilapia finleyi* sind kaum Unterschiede in der Ausformung der Flossen zu sehen. Weibchen zeigen aber häufig wieder ein deutlicheres und breiteres chromglänzendes Band in der Rückenflosse, teilweise auch eine solche glänzende Färbung in der oberen Hälfte der Schwanzflosse. Es sind einige verschiedene Fundortformen bekannt, die sich aber nicht wesentlich voneinander unterscheiden. Lediglich in der Kopfregion können manche Formen etwas farbiger sein.

Haltung: Einfach, gleich wie bei *Chromidotilapia finleyi* geschildert. Allerdings ist die Art etwas scheu. Es muß daher Ruhe im Aquarium geboten werden, auch müssen die Fische die Möglichkeit haben, sich bei zu viel Störung vor dem Aquarium in versteckte und geschützte Bereiche zurückziehen zu können.

Zucht: Paarbildender, larvophiler Maulbrüter, der immer in Höhlen oder höhlenähnlichen Verstecken ablaicht, aber nicht leicht. Die Zucht ist von einem sehr gut harmonierenden Paar und einem ausreichend großem Aquarium mit nur wenigen Störungen abhängig. Die Höhle, in der die Fische ablaichen, soll einen großen Eingang besitzen. Das Gelege wird dort zunächst überwiegend vom Weibchen betreut. Wenn die Larven die Eihüllen durchbrechen (das ist nach rund drei Tagen), werden diese vom Weibchen bis zum Freischwimmen zur Brutpflege ins Maul aufgenommen Selten beteiligt sich auch das Männchen zwischendurch an der Maulbrutpflege. Während der Maulbrutpflege sind die Fische besonders sensibel und anfällig gegenüber Störungen.

Die Jungen schwimmen nach etwa acht bis neun weiteren Tagen frei und werden noch gut einen Monat lang von den Eltern betreut und bei Gefahr auch noch in das Maul aufgenommen.

Oben:
Chromidotilapia
finleyi-*Männ-
chen der Form
von Moliwe.*

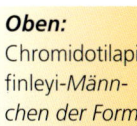

Unten: Chromidotilapia finleyi-*Männchen
"Moliwe" beim Aufnehmen der Eier unmittelbar nach dem Ablaichen.*

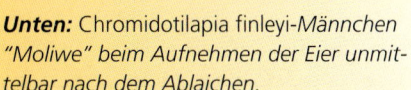

Mitte oben:
Maulbrütendes
Chromidotilapia
finleyi-*Weib-
chen der Moli-
we-Form.*

Chromidotilapia finleyi TREWAVAS, 1974
Finleys Prachtbuntbarsch

Vorkommen: Nigeria, Kamerun, Rio Muni, Fernando Poo.

Größe: Bis circa 12 cm.

Beschreibung: Etwa eiförmige Gestalt mit brauner bis grauer Körperfärbung. Kopf, Kehle, Brust und Flossen können – je nach Fundort der Fische – unterschiedlich gefärbt sein: Rötlich, blau, gelblich sind bei den derzeit bekannten Varianten möglich. Die Geschlechter sind zueinander sehr ähnlich, Männchen allerdings mit mehr oder weniger deutlicherer Tüpfelzeichnung in den unpaaren Flossen als Weibchen. Weibchen zeigen meist ein deutlicheres und breiteres chromglänzendes Band in der Rückenflosse. In der Größe der Beflossung sind im Regelfall bei erwachsenen Fischen keine Unterschiede zwischen den Geschlechtern zu bemerken.

Haltung: Die Fische stammen aus der Natur zwar aus typischen weichen Bächen mit neutralem bis leicht saurem pH-Wert, können aber trotzdem sehr gut auch in hartem Wasser gehalten werden. *Chromidotilapia finleyi* ist gegenüber Mitbewohnern verträglich und daher gut zu vergesellschaften. Pflanzen – selbst feine und zarte – werden nicht behelligt. Die Art gräbt auch kaum. Sie ist daher ein sehr empfehlenswerter Fisch. Lediglich aufgrund der Größe der Fische müssen Aquarien mit wenigstens 80 bis 100 Litern geboten werden. In der Ernährung ist die Art ebenfalls einfach und rasch auch an Kunstfutter zu gewöhnen.

Zucht: Es handelt sich um einen paarbildenden Maulbrüter, der sein Gelege sofort nach dem Ablaichen ins Maul aufnimmt (ovophiles Maulbrüten) und dieses während der Brut mehrmals zwischen den beiden Eltern wechselt. Anders als bei den Maulbrütern aus der *Haplochromis*-Verwandtschaft wird allerdings zumeist das gesamte Gelege abgesetzt, bevor es zur Pflege in das Maul aufgenommen wird. Ist das Wasser nicht allzu hart und etwas Ruhe für die Elternfische gewährleistet, dann gelingt die Zucht leicht. Das wichtigste Problem ist eigentlich, ein gut harmonierendes Paar zusammenzustellen, bei dem die Übergabe der Eier während der Brutdauer gut und reibungslos funktioniert. Mehr noch als bei anderen Buntbarschen muß man daher darauf achten, beim Erwerb der Fische nicht bloß ein Männchen und ein Weibchen zu nehmen, sondern eine Gruppe von Fischen, aus der sich dann die – wahrscheinlich – geeignetsten Partner selbst finden können. Ich habe auch die Erfahrung gemacht, daß die Paarbindung bei den meisten *Chromidotilapia*-Arten lebenslang andauert.

Die Eltern pflegen die Jungen auch noch längere Zeit – bis mehr als ein Monat – nach dem erstmaligen Freischwimmen, welches etwa zehn bis zwölf Tage nach der Eiablage erfolgt. Die Aufzucht der Jungfische ist mit allen gängigen Futtersorten möglich und nicht schwierig.

Bemerkungen: Derzeit sind fünf Farbformen bekannt, die meisten kommen allerdings nur selten zu uns. Am häufigsten dürfte wohl noch die Form „Moliwe" sein.

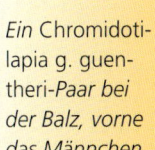

Ein Chromidoti-
lapia g. guen-
theri-*Paar bei
der Balz, vorne
das Männchen.*

Chromidotilapia guentheri guentheri (SAUVAGE, 1882) Gunthers Prachtbuntbarsch, Gunthers Maulbrüter

Vorkommen: Elfenbeinküste, Ghana, Burkina Fasso, Guinea, Niger, Togo, Benin, Nigeria, Kamerun und Rio Muni.
Größe: ♂ bis 15 cm, ♀ bis 10 cm.
Beschreibung: Mittelgroße Art mit etwas spitzem Kopfprofil. Braune Grundfarbe, in der Bauchregion etwas heller. Männchen unscheinbarer, oft mit einem roten Punkt oder kurzem roten Strich hinter dem Ende des Kiemendeckels. Weibchen kleiner, mit rotem Bauch und silberweißer Rückenflosse. Fische aus den westlichen Bereichen des Verbreitungsgebiets auch mit feinen roten und grünen Farbstrichen in den Flossen, Fische aus dem Süden und Osten (Kamerun, Rio Muni) häufig mit vielen schwarzen Punkten in der Rückenflosse.
Haltung: Einfach, bei allen Wasserwerten gut möglich. In der Ernährung anspruchslos und an alle Futterarten gut zu gewöhnen. Manchmal aber etwas lebhaft bis ruppig gegenüber Mitbewohnern, daher nicht mit zu kleinen oder zarten Fischen zusammen pflegen. Das Aquarium darf nicht unter 100 Litern Fassungsvermögen besitzen, soll die Art ordentlich gepflegt werden. Eine Bepflanzung ist möglich und wird durch die Fische kaum in Mitleidenschaft gezogen.
Zucht: Einfach, wenn sich ein harmonierendes Paar gefunden hat. Es ist eine der ganz wenigen bekannten Cichlidenarten, bei der das Männchen alleine die Maulbrutpflege durchführt. Das Gelege wird sofort nach der Eiablage ins Maul aufgenommen. Die Zucht ist auch bei hartem Wasser problemlos möglich. Während der Maulbrutpflege ist das Männchen sehr scheu und versteckt lebend. Die Verteidigung des Revieres wird in dieser Zeit fast ausschließlich vom Weibchen durchgeführt. Die Jungfische schwimmen nach im Durchschnitt etwa zehn Tagen erstmalig frei. Ab dann werden sie von beiden Elternteilen gut ein Monat lang betreut und geführt. Bei Gefahr werden sie in dieser Zeit auch manchmal vom Weibchen

Maulbrütende Arten
Ctenochromis polli (THYS, 1964)
Rotkehlmaulbrüter

Vorkommen: Volksrepublik Kongo, Republik Kongo.

Größe: Bis circa 7 cm.

Beschreibung: Eher unscheinbar in beiden Geschlechtern. Graue, leicht glänzende Grundfarbe mit einigen bläulichen und rötlichen Glanzschuppen am Körper und in den unpaaren Flossen. Beide Geschlechter von ähnlicher Größe, Männchen nur geringfügig größer werdend und mit orangeroter Kehle sowie einigen gelben oder blaß orangen Eiflecken in der Afterflosse.

Haltung: Sehr einfach, da die Art alle Wasserwerte toleriert und auch in der Ernährung sehr robust und anpassungsfähig ist. Es sollten immer ein wenig mehr Weibchen als Männchen gepflegt werden.

Zucht: Sehr einfach; typischer agamer Maulbrüter ohne Paarbindung, so wie *Pseudocrenilabrus nicholsi.*

Limbochromis robertsi (THYS & LOISELLE, 1971)
Roberts Zwergbuntbarsch

Vorkommen: Ghana.

Größe: ♂ bis 10 cm, ♀ bis 8 cm.

Beschreibung: Männchen größer als die Weibchen, mit stärker entwickelten, rot gepunkteten unpaaren Flossen und auch Brustflossen, meist auffallender, zweizipfeliger Schwanzflosse und dunkler Umrahmung der Körperschuppen. Schnauzenbereich und Kehle sind rötlich gefärbt. Weibchen mit gelblicher Grundfärbung, Rückenflosse mit hellchromglänzendem Band, das durch einen roten Saum begrenzt ist. Ein gleichartiges Farbmuster ist auch am Oberrand der Schwanzflosse zu finden, die nicht wie bei den Männchen gegabelt ist. Alle unpaaren Flossen sind ansonsten ohne Musterung und schwach gelblich gefärbt bis farblos. In der Bauchregion sind laichreife Weibchen rot gefärbt. Je nach Stimmung können auch bei beiden Geschlechtern unterschiedlich ausgeprägte Längstreifen auftreten; einer knapp unter der Rückenflosse und einer in der Körpermitte.

Haltung: Einfach bei nicht zu hartem Wasser, allerdings Vorsicht bei der Fütterung, es sollte möglichst ballaststoffreiche Nahrung geboten werden: Insektenlarven, Kleinkrebse und auch Futter mit *Spirulina*-Anteil. Werden die Fische zu reichhaltig gefüttert, dann sind sie äußerst krankheitsanfällig. Besonders Wurmfutter kann sich rasch negativ auswirken, Verluste sind dann die Folge. Ein bis zwei Fasttage in der Woche sind empfehlenswert. Die innerartliche Aggressivität ist sehr hoch, es dürfen daher keine zu kleinen Aquarien verwendet werden; eine Grundfläche von etwa 100 x 50 cm muß das Mindestmaß darstellen. Auch müssen selbstverständlich viele Verstecke für die Fische – vor allem unterlegene – geschaffen werden. Auch auf eine hervorragende Wasserqualität ist zu achten, zur guten Filterung darf der regelmäßige Wasserwechsel nicht vernachlässigt werden. Eine Bepflanzung des Aquariums sollte nur mit robusten, gut wurzelnden Arten durchgeführt werden, da *L. robertsi* gerne und ausgiebig gräbt.

Zucht: Nicht leicht, da die Paarzusammenstellung einerseits aufgrund der innerartlichen Aggressivität nicht einfach ist, andererseits die Wasserqualität sehr gut sein muß. Die Art ist paarbildend und laicht immer in Höhlen ab. Haben die Larven die Eihüllen durchbrochen, beginnt die Besonderheit bei dieser Art im Fortpflanzungsverhalten: Die Larven werden bis zum Freischwimmen abwechselnd in versteckte Gruben abgelegt und dort betreut oder aber in das Maul des Weibchen zur Maulbrutpflege aufgenommen. Beide Brutpflegeformen treten innerhalb einer Fortpflanzungsperiode auf und wechseln sich immer wieder ab. Die Zeiträume, in denen eine der beiden Pflegeformen durchgeführt wird, können von wenigen Minuten bis zu mehreren Stunden variieren. *Limbochromis robertsi* kann wohl als Mittelding oder Übergangsform zwischen Höhlenbrüterverhalten und larvophilem Maulbrüter angesehen werden.

Oben links:
Ein Wildfang-Männchen von Limbochromis robertsi *aus Ghana.*

Oben:
Limbochromis robertsi-*Männchen.*

als Männchen gepflegt werden. Eine Be-pflanzung des Aquariums ist möglich, da kaum gegraben wird; die Männchen legen im Zentrum ihres Revieres nur kleine Ablaichmulden an. Auch in der Ernährung sind die Fische absolut pro-blemlos, jede Futterart wird willig ak-zeptiert und auch vertragen.

Zucht: Sehr einfach; *Pseudo-crenilabrus nicholsi* ist ein typischer agamer Maulbrüter, also ohne jeglich Paarbindung zwischen den Geschlechtern. Die Männchen versuchen, mit jedem Weibchen abzulaichen, das in ihr Revier kommt. Nach einer kurzen Balz werden in der Ablaichgrube schubweise die Geschlechtsprodukte abgege-ben, nach jeden Schub werden die Eier vom Weibchen sofort

Pseudocrenilabrus nicholsi
(PELLEGRIN, 1928)
Nichols Maulbrüter
Vorkommen: Republik Kongo.
Größe: Bis circa 8 cm, ♀ kleiner.
Beschreibung: Im männlichen Geschlecht eine ausgesprochen bunte Art – mit vie-len roten, blauen und silbrigen Punkten und Flecken sowie einem größeren oran-geroten Eifleck am Hinterrand der Af-terflosse. Brustflossen bei erwachsenen Männchen sehr lang ausgezogen. Weib-chen sind um gut ein Drittel kleiner und unscheinbar bräunlich gefärbt.
Haltung: Sehr einfach. Die Art kann bei allen Wasserwerten gut gepflegt werden und ist auch in der Ernährung nicht wählerisch. Es sollten mehr Weibchen

ins Maul aufgenommen. Sind alle Eier abgelaicht, so entfernt sich das Weib-chen sofort vom Männchen oder wird vom Männchen verjagt. Die Brutpflge wird – wie für haplochromine Maul-brüter typisch – vom Weibchen alleine durchgeführt. Es hält sich in dieser Zeit immer in einem Versteck auf und ist auch sehr scheu. Nach etwas mehr als zwei Wochen schwimmen die Jungfi-sche frei. Sie werden meist noch eini-ge Tage vom Weibchen bei Gefahr wie-der in das Maul aufgenommen. Nach etwa einer Woche bleiben die Jungen aber sich selbst überlassen.
Bemerkungen: Die Art wird fallweise auch noch unter dem Synonym *Pseu-docrenilabrus ventralis* geführt.

Schwetzochromis stormsii
(BOULENGER, 1902)

Vorkommen: Volksrepublik Kongo, Republik Kongo.

Größe: ♂ bis 12 cm, ♀ bis 9 cm.

Beschreibung: Gestreckt wirkende Art von graubrauner Grundfarbe mit einigen dunklen Querbinden und Flecken am Körper. Besonders auffällig sind ein schwarzer Streifen vom Mundwinkel zum Auge und einer vom Auge zum Hinterrand des Kiemendeckels. Die Männchen werden deutlich größer als die Weibchen und zeigen ausgewachsen eine wesentlich wuchtigere Kopfpartie. Obwohl es sich um einen hochentwickelten Maulbrüter handelt, zeigen die Männchen keine Eiflecken auf der Afterflosse. Unpaare Flossen sind auch bei Männchen nicht besonders groß ausgebildet, sondern immer rundlich.

Haltung: Nicht einfach, da es sich hier um einen spezialisierten Algen- und Aufwuchsfresser handelt, der bei konventioneller Fütterung leicht verfettet und dann schnell stirbt. Es muß daher sparsam, ballaststoffreich und mit hohem Grünfutteranteil (z. B. spirulinahaltiges Futter) gefüttert werden. Gute Wasserbewegung soll ebenfalls geboten werden, da es sich hier – wie bei den *Steatocranus*-Arten – um einen strömungsliebenden Fisch aus den Stromschnellengebieten des Kongo-Flusses handelt. Obwohl die Fische eine reduzierte Schwimmblase besitzen und häufig ruhig am Bodengrund liegen, sind sie doch sehr lebhafte Schwimmer. Da

sie auch untereinander ziemlich zänkisch sind, darf das Aquarium nicht zu klein sein (ab 150 l aufwärts) und muß viele Versteckmöglichkeiten für unterlegene Exemplare bieten. Besonders Männchen sind untereinander äußerst streitsüchtig. Auf einen Weibchenüberhang sollte geachtet werden.

Zucht: Typischer agamer Maulbrüter, so wie bei *Pseudocrenilabrus nicholsi* und *Ctenochromis polli* vorgestellt mit einem Ablaich- und Brutpflegeverhalten wie diese beiden Arten. Wesentlich ist, die geschilderten Hälterungsbedingungen zu bieten, dann kommt es auch sicher zur Fortpflanzung. Die Wasserwerte sind ohne Bedeutung, die Fische können in weichen Wasser genauso wie in hartem Wasser erfolgreich gepflegt und gezüchtet werden. Es muß aber bereits bei den Jungfischen von den ersten Tagen an auf die gleichen Probleme in der Ernährung wie bei den Eltern geachtet werden.

Die Entwicklungsdauer der Eier ist verhältnismäßig lange, es dauert etwa drei Wochen, bis die Jungfische nach der Eiablage erstmalig frei schwimmen.

Oben:
Ein Schwetzochromis stormsii-Männchen.

Unten:
Ein Schwetzochromis stormsii-Paar beim Ablaichen, vorne das kleinere Weibchen.

Viel Erfolg mit Ihren Westafrikanischen Zwergbuntbarschen!

Bücher für Ihr Hobby

Mit der neuen Erfolgsreihe aus dem bede-Verlag
bieten wir Ihnen zu Ihren Aquarien-fischen das
passende Buch. Sie möchten in die Aquaristik
einsteigen, oder Sie brauchen wertvolle Tips zur
Haltung und Zucht Ihrer Fische, dann ist unsere neue
Reihe genau das Richtige. Jeder der 30 Titel umfaßt
80 Seiten und circa 80 bis 100 faszinierende
Farbaufnahmen.
Für nur DM 19,80 je Titel ein aquaristisches Muß für
Hobby-Aquarianer.

 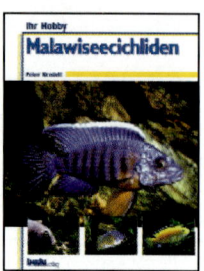

Zwergcichliden
ISBN 3-931 792-29-3

Tanganjikaseecichliden
ISBN 3-931 792-44-7

Malawiseecichliden
ISBN 3-931 792-25-0

Corydoras-Panzerwelse
ISBN 3-931 792-26-9

Guppys
ISBN 3-931 792-28-5

Piranhas
ISBN 3-931 792-27-7

Skalare
ISBN 3-931 792-30-7

Diskus
ISBN 3-931 792-24-2

**Blumentiere im
Meerwasseraquarium**
ISBN 3-931 792-72-2

Aquarienpflanzen
ISBN 3-931 792-66-8

**Das funktionierende
Meerwasseraquarium**
ISBN 3-931 792-46-3

Kaiser- und Falterfische
ISBN 3-931 792-47-1

Tropheus-Cichliden
ISBN 3-931 792-65-X

Harnischwelse
ISBN 3-931 792-67-6

Amanos Naturaquarien
ISBN 3-931 792-68-4

Paludarium
ISBN 3-931 792-70-6

Koikarpfen
ISBN 3-931 792-71-4

Killifische
ISBN 3-931 792-69-2

Salmler
ISBN 3-931 792-74-9

Welse
ISBN 3-931 792-75-7

Guramis und Fadenfische
ISBN 3-931 792-48-X

Schleierkampffische
ISBN 3-931 792-76-5

Kampffische – Wildformen
ISBN 3-933 646-09-X

Aquaristik für Einsteiger
ISBN 3-931 792-77-3

Diskuszucht
ISBN 3-931 792-78-1

Bärblinge
ISBN 3-931 792-82-X

**Westafrikanische
Zwergcichliden**
ISBN 3-931 792-06-4

Diskuswildfänge
ISBN 3-933 646-06-5

Gesunde Aquarienfische
ISBN 3-931 792-73-0

Regenbogenfische
ISBN 3-931 792-45-5

Fordern Sie unverbindlich unseren Gesamtprospekt an!